AF591880

ACTE IV, SCÈNE XII.

EULALIE GRANGER,

DRAME EN CINQ ACTES ET EN SEPT TABLEAUX,

Par M. de Rougemont,

Représenté pour la première fois, à Paris, sur le théâtre de la Porte-Saint-Martin, le 6 mai 1837.

PERSONNAGES.	*ACTEURS.*
M. GRANGER (Financier).	M. Moessard.
Mme GRANGER (Mère noble).	Mlle Georges cadette.
EULALIE, leur fille (Jeune premier rôle).	Mme Adolphe.
Mme LAROCHE (Soubrette ou Duègne).	Mme Astruc.
CELESTINE, sa fille (Ingénuité, jeune première).	Mlle Clara-Stéphanie.
CHARLES, son fils (Jeune premier).	M. Surville.
LE BARON DE RONÇAY (Premier rôle marqué).	M. Alexandre.
DUBREUIL, banquier (Premier comique).	M. Raucourt.
BERNARD, graveur (Troisième amoureux).	M. Émile.
JACQUES, jardinier (Troisième rôle ou grande utilité).	M. Tournant.
ÉTIENNE, laquais du baron (Deuxième comique).	M. Vissot.
HENRIETTE, modiste (Utilité).	Mme Lequien.
JULES, garçon graveur.	M. Albert.
JEAN, domestique de M. Granger.	M. Eugène.
MONNERON, notaire.	M. Héret.
DAVIAU, notaire.	M. Charles.

L'action a lieu en 1832, 1833, 1834 et 1835. Les trois premiers actes se passent à Paris, les deux derniers à St-Quentin.

ACTE PREMIER.

Le théâtre représente un salon meublé à l'antique ; deux tables sur le devant. Porte à gauche du spectateur, et grande porte au milieu, dans le fond.

SCENE PREMIERE.

JEAN, CÉLESTINE, Mme LAROCHE.

Mme LAROCHE, *à Jean en entrant.* Et vous dites que ma sœur n'est pas chez elle?

JEAN, *entrant aussi.* J'ai dit à madame que, pour l'instant, Mme Granger était à sa toilette.

Mme LAROCHE, *avec ironie.* Sa toilette... elle ne doit pas être longue... (*A Jean.*) Dites-lui toujours que c'est moi, sa sœur, Mme Laroche, qui désire la voir et l'embrasser.

CÉLESTINE, *à Jean.* Que maman est arrivée du Havre ce matin... et que sa première visite a été pour ma tante.

JEAN, *à Célestine.* Oui, madame.

Il sort par la porte à gauche.

SCENE II.

CÉLESTINE, Mme LAROCHE.

CÉLESTINE, *souriant.* Madame... (*A sa mère.*) Vous ne direz pas que celui-là me trouve trop jeune pour entrer en ménage?

Mme LAROCHE. Ma chère Célestine, aussitôt après avoir reçu ta lettre et celle de ma sœur, je suis partie du Havre, et me voici.

CÉLESTINE. Oh! je vous en remercie!

Mme LAROCHE. Mais je ne puis pas te le dissimuler... le mariage dont vous me parlez toutes les deux me contrarie.

CÉLESTINE. Pourquoi cela, maman?... j'ai dix-huit ans, M. Bernard en a vingt-sept... depuis un an que je le connais, son caractère ne s'est pas démenti, et j'ai eu le temps d'apprécier ses bonnes qualités... j'ai eu plus d'une fois l'occasion de m'apercevoir qu'il y avait entre nous deux une grande sympathie; ce qu'il veut, je le veux... ce que je désire, il se mettrait en quatre pour me le donner.

Mme LAROCHE, *avec dédain.* Ce n'est toujours qu'un ouvrier.

CÉLESTINE. Un artiste... comme moi... M. Bernard deviendra un des premiers graveurs de Paris; il a déjà une fort belle clientelle... il est estimé, honoré pour son talent... on le considère beaucoup dans son quartier.

Mme LAROCHE. Tout ce que tu voudras, mais il n'est pas riche.

CÉLESTINE. Il l'est assez pour moi qui ne porte envie à la position de personne... Mais vous croyez donc que la fortune, c'est le bonheur?

Mme LAROCHE. Ça y ressemble beaucoup.

CÉLESTINE. M. Bernard n'est pas riche, il est mieux que cela... il est honnête, rangé, travailleur, économe... demandez... demandez à ma tante.

Mme LAROCHE. Ta tante, ta tante... ne ferait pas la même sottise que moi... elle ne consentirait pas à donner sa fille à un homme sans fortune... ta cousine Eulalie fera un bon mariage, c'est moi qui te le dis... un mariage d'argent... elle brillera, et toi, tu végéteras!.. (*Soupirant.*) Ce n'est pas l'embarras, ta mère n'a pas été plus heureuse... Ma sœur, elle, a épousé un homme de commerce.... ayant un beau magasin, rue Saint-Denis, au coin de la rue Saint-Sauveur, bien tenu, bien achalandé... et puis son mari savait faire ses affaires... toujours des demoiselles de boutique jeunes et jolies... ça ne rend pas la marchandise meilleure, mais cela fait vendre quelques aunes de ruban de plus.... Mais moi, j'avais épousé un commis... un employé de la guerre... une machine à écrire, sans énergie, sans ambition... j'avais beau lui dire tous les ans : Fais-toi donc augmenter, monsieur Laroche, demande donc des gratifications; il y a des places vacantes ; sollicite, intrigue, intrigue, fais comme tout le monde, imite tes chefs... impossible de le décider... je l'ai connu à cent louis d'appointement, il est mort à mille écus... et encore l'avait-on réformé au bout de vingt-neuf ans pour n'avoir pas de pension à lui payer.

CÉLESTINE. Mon pauvre père!..

Mme LAROCHE. Ah! M. Laroche était bien né homme de bureau... c'était l'exactitude et la discrétion en personne... il a changé cinquante fois de patron, et jamais je n'ai su de sa bouche le nom de son ministre... Ah! le gouvernement pouvait avoir confiance en lui.

CÉLESTINE. Il était si bon!... si modeste!..

Mme LAROCHE. Oui, et tu tiens bien de ton père pour te contenter de peu... Ah! Dieu! si j'avais donc épousé un de ces hommes comme j'en vois tant!.. actifs, remuans, intelligens, qui arrivent on ne sait par où, ni comment... mais enfin qui arrivent... et qui à chaque bouleversement accrochent toujours quelque chose... c'est un de ces hommes-là qu'il m'aurait fallu... c'est un homme comme cela qu'il te faudrait. Si j'étais à ta place... je partirais pour le Havre, j'y passerais cinq à six mois... il y a là des négocians fort riches... qui sont garçons... et qui te conviendraient beaucoup mieux que ton M. Bernard.

CÉLESTINE. Maman, je l'aime.

Mme LAROCHE. Tu l'aimes, ce n'est pas une raison... l'amour n'a qu'un temps, et le mariage dure toute la vie.

CÉLESTINE. Voici ma tante.

SCENE III.

CÉLESTINE, Mme GRANGER, Mme LAROCHE.

Mme Granger vient de la porte à gauche.

Mme GRANGER. Eh! bonjour, ma chère Angélique!.. (*Elles s'embrassent.*) En vérité, l'air de la Normandie te fait du bien... je te trouve rajeunie.

CÉLESTINE. C'est ce que j'ai dit à maman.

Mme LAROCHE. En province on mène une vie si tranquille... les émotions sont si rares... on n'use pas sa santé comme à Paris.

Mme GRANGER. Oui, mais maintenant que tu y es, à Paris, tu ne nous quitteras pas de sitôt...

Mme LAROCHE. Vous savez, ma sœur, ce qui m'y amène..... l'entêtement de ma fille!.. il n'y a pas moyen de lui faire entendre raison.

CÉLESTINE, *avec douceur*. Allons, maman, ne cherchez pas à tourner contre moi l'esprit de ma tante... elle sait tous mes secrets; je lui ai confié mes sentimens... elle les approuve.... ma tante a questionné M. Bernard..... elle a pris les informations les plus minutieuses sur sa conduite, et partout elle a entendu faire son éloge.

Mme GRANGER. C'est vrai, ma sœur..... moi aussi je m'intéresse au bonheur de cette chère enfant... je ne souffrirai point qu'on la sacrifie... mais je ne pense pas que l'on puisse trouver à redire à son choix. Ce M. Bernard appartient à une famille d'honnêtes gens; il a un assez bel établissement au Palais-Royal, mille écus de loyer, j'ai vu les quittances; il a du bien à lui revenir du côté de sa mère, qui vit encore... enfin c'est un brave garçon qui m'a paru fort aimable, fort gai... et il faut bien que nos filles se marient un peu pour elles..... Quand nous étions jeunes, nous avons épousé des jeunes gens.

Mme LAROCHE, *toujours avec sécheresse*. Vous, ma sœur... mais M. Laroche a toujours eu cinquante ans pour moi... il n'était pas plus jeune quand je l'ai épousé que quand je l'ai perdu... Enfin vous le voulez toutes les deux... il faut se rendre... et consentir... dans le fond je n'ai rien à objecter contre ce M. Eugène Bernard, sinon que j'aurais préféré... un négociant, un propriétaire.

Célestine passe au milieu et va embrasser sa mère.

CÉLESTINE. Oh! maman, que vous êtes bonne!.... et que je vous aime!... votre refus m'aurait fait bien de la peine.

Mme LAROCHE. Mais souviens-toi d'une chose... si tu n'es pas heureuse dans ton ménage, ne t'en prends qu'à toi seule... et ne viens pas te plaindre... je ne t'écouterais pas...

CÉLESTINE. Des plaintes!... moi!... jamais!

Mme LAROCHE. Nous verrons.

Mme GRANGER. Célestine?

CÉLESTINE. Ma tante?

Mme GRANGER. Fais-moi le plaisir d'aller à la pension de ta cousine... tu prieras Mme Duchesne de la laisser venir avec toi... j'ai à lui parler.

CÉLESTINE. Oui, ma tante. (*A sa mère.*) Maman, je vais faire dire à M. Bernard que vous êtes arrivée... je veux qu'il reçoive de vous-même le consentement à notre bonheur..... je suis sûre qu'il vous aimera comme un fils.

Elle sort avec gaîté.

SCENE IV.

Mme GRANGER, Mme LAROCHE.

Mme GRANGER, *souriant*. J'ai bien peur qu'au lieu d'une noce nous en ayons deux.

Mme LAROCHE. Deux!... et comment?..

Mme GRANGER. Eulalie!...

Mme LAROCHE. Vous la mariez?...

Mme GRANGER, *avec importance*. On me la demande.

Mme LAROCHE *avec sécheresse*. Quelqu'un de comme il faut?

Mme GRANGER, *avec orgueil*. Un baron.

Mme LAROCHE, *avec jalousie*. Du faubourg Saint-Germain?

Mme GRANGER. De la rue de la Michodière.

Mme LAROCHE. Alors ce n'est pas de la vieille noblesse.

Mme GRANGER, *vivement*. C'est de la bonne, cinquante mille francs de rentes.

Mme LAROCHE, *avec un peu d'envie*. Ah! Dieu... ma sœur, êtes-vous heureuse!

Mme GRANGER. Cela n'est pas encore fait, ma chère amie.

Mme LAROCHE. Oui, mais cela se fera.

Mme GRANGER. Je t'avoue que j'en ai bien envie.

Mme LAROCHE. Tout vous réussit, à vous!

Mme GRANGER. Quelquefois... pas toujours.

Mme LAROCHE. Qu'est-ce qui vous a donc manqué?

Mme GRANGER. Et ces soixante mille francs que nous avons perdus à la faillite de ce maudit notaire de la place des Victoires!

Mme LAROCHE. Vous l'avez bien voulu... je vous ai assez dit : Prenez garde. Les notaires ne sont pas plus solides que les architectes, ils font banqueroute comme des agens de change!... du moment que les Français sont égaux... les notaires ne valent pas mieux que les autres.

Mme GRANGER. C'est cette perte-là qui nous a décidés à réunir ce que nous avions et à ne plus courir de chances.

Mme LAROCHE. Et, pour comble de bonheur, vous avez vendu votre fabrique de rubannerie le double de ce qu'elle vous avait coûté... Quatre-vingt-six mille francs un fonds de rubans!... Je sais bien que le gouvernement en fait une grande consommation... mais ce n'est pas une raison pour qu'ils renchérissent à ce point-là!... Votre campagne de Pierrefitte... vous l'avez eue pour rien... Enfin, il n'y a pas jusqu'à votre fils aîné, Gabriel... qui est mort chef de bataillon... et moi, le mien est toujours maréchal-des-logis.

Mme GRANGER. Ma pauvre Angélique, tu l'as conservé!...

Mme LAROCHE. Oui, c'est une grande consolation ; mais c'est pour dire qu'il y a des gens heureux qui viennent à bout de tout ce qu'ils entreprennent... Vous avez envie, ma sœur, que votre fille soit baronne, elle le sera... je vous le garantis... c'est fort agréable pour les parens de pouvoir mettre ses enfans dans la noblesse...

Mme GRANGER. Tu sais les sacrifices que nous avons faits pour l'éducation d'Eulalie... des maîtres de toute espèce... Nous n'avions plus qu'elle, et, sans avoir ce qu'on appelle une fortune, nous possédions heureusement les moyens de lui faire apprendre bien des talens d'agrément.

Mme LAROCHE. M. Laroche n'a jamais voulu qu'il fût question de tout cela pour sa fille... Un état... un état, disait-il : on ne sait pas ce qu'il peut arriver... il faut qu'une femme puisse se suffire à elle-même et qu'elle ne soit à charge à personne... Heureusement que Célestine avait du goût pour le dessin... et que nous avions des connaissances à la manufacture de Sèvres.

Mme GRANGER. Célestine peint sur porcelaine comme un ange! elle a exposé au dernier salon un vase de fleurs qui aurait fait honneur à M. Jacotot.

JEAN, *entrant par la gauche.* Madame, monsieur vous fait dire que M. le baron de Ronçay est arrivé. Ces messieurs vous attendent.

Mme GRANGER. J'y vais.

Mme LAROCHE. Ronçay? Est-ce que ce n'est pas un ancien général?...

Mme GRANGER. Justement!... un ami de Dubreuil; tu l'as vu chez nous, autrefois... il y a long-temps... à l'époque de la conscription de mon pauvre Gabriel : il a été son colonel... Nous l'avions perdu de vue... mais, il y a six semaines, nous l'avons rencontré au bal du préfet de la Seine... Il fallait voir comme il regardait Eulalie... tout le temps qu'elle a dansé il ne l'a pas quittée des yeux; il nous a reconduits dans sa voiture... il est venu s'informer de notre santé le lendemain... il nous a invités à aller passer quinze jours à son château... enfin, avant-hier, il a positivement demandé la main d'Eulalie...

Mme LAROCHE. Alors, c'est une affaire arrangée?

Mme GRANGER. A peu près. Je n'ai pas besoin, ma chère Angélique, de te dire que ta chambre et ton cabinet sont toujours vacans. (*Elle l'embrasse.*) Jean? (*Le domestique paraît.*) Préparez l'appartement du second pour ma sœur... (*Jean sort.*) Tu ne quitteras Paris qu'après le mariage de nos enfans.

(Elle sort par la gauche.)

SCENE V.

Mme LAROCHE, *seule.*

Voilà comme dans les familles il y a toujours des privilégiés... Grâce à son mariage... ma nièce Eulalie va devenir une grande dame... bien riche, bien considérée... et ma pauvre Célestine sera tout simplement la femme obscure d'un graveur... elle n'aura aucun des plaisirs, des jouissances, des honneurs qui attendent sa cousine... En vérité... je ne sais qui me tient de retirer ma parole et mon consentement... ma fille est jeune... jolie... et elle trouvera toujours bien un parti comme celui qui se présente pour elle... Dans tous les cas, je ne serai pas témoin d'une différence de position qui me blesserait... et aussitôt la noce, je reprends la route du Havre.

SCENE VI.

DUBREUIL, Mme LAROCHE.

DUBREUIL. Et de quelle noce parle donc Mme Laroche?

Mme LAROCHE. C'est vous, monsieur Dubreuil!...

DUBREUIL. Depuis quand à Paris?

Mme LAROCHE. Depuis ce matin.

DUBREUIL. Et vous parlez déjà d'une noce?...

Mme LAROCHE. Comment! vous ne savez pas cela... vous n'êtes pas dans le secret... vous, le banquier de la maison?

DUBREUIL. Ma foi, non, je ne sais rien, je ne me doute de rien. Granger est passé chez moi ce matin... ne me trouvant pas, il a laissé un petit mot... il m'a fait entendre qu'il avait besoin de fonds... j'ai cru qu'il s'agissait d'une opération sur la rente... ou qu'il prenait un intérêt dans quelque entreprise.

Mme LAROCHE. Une fort belle opération... il marie sa fille.

DUBREUIL. Eulalie?

Mme LAROCHE. Eulalie...

DUBREUIL. C'est une enfant, elle est toujours en pension.

Mme LAROCHE. Elle en sortira, comme on sortait autrefois du couvent, pour signer son contrat de mariage...

DUBREUIL. Encore faut-il qu'elle fasse connaissance avec son futur... qu'elle sache s'il lui convient...

Mme LAROCHE. Du moment qu'il convient au père et à la mère...

DUBREUIL. Cela ne suffit pas... les enfans ont aussi leur goût, qui n'est pas toujours celui des parens.

Mme LAROCHE. Puisqu'on vous dit qu'il est millionnaire.

DUBREUIL. C'est déjà une fort belle qualité.

Mme LAROCHE. Eh!... vous le connaissez!...

DUBREUIL. Je le connais.

Mme LAROCHE. C'est un de vos anciens amis.

DUBREUIL. A moi!

Mme LAROCHE. A vous!.. le baron de Ronçay.

DUBREUIL. Le vieux baron de Ronçay... allons donc c'est une plaisanterie!

LE BARON, *entrant à gauche, qui a entendu.* Non, mon cher Dubreuil, ce n'est point une plaisanterie.

Mme LAROCHE. Là! quand je vous le disais!.. (*Saluant.*) Monsieur le baron, j'ai bien l'honneur,.... je suis la tante de la future.

Le Baron lui prend la main et la conduit galamment jusqu'à la porte à gauche.

SCENE VII.

DUBREUIL, *puis* LE BARON.

LE BARON, *revenant.* J'épouse Mlle Granger.

DUBREUIL. Tant pis.

LE BARON. Pourquoi?

DUBREUIL. C'est une folie pour toi... un malheur pour elle.

LE BARON. Un malheur!

DUBREUIL. Très-grand.

LE BARON. Et comment sera-t-elle malheureuse avec un homme qui ne veut que son bonheur?

DUBREUIL. Tu as cinquante-cinq ans.

LE BARON. Et je ne les cache pas... j'en aurais soixante, que ce ne serait pas une raison pour renoncer au mariage.

DUBREUIL. A cinquante-cinq ans on épouse une veuve de trente ans ou une vieille fille de trente-six qui a passé l'âge des illusions, et l'on n'épouse pas un enfant de dix-sept ans.

LE BARON. Je l'aime.

DUBREUIL. Tu l'aimes parce qu'elle est jeune, jolie... pleine de grâces et de fraîcheur... peut-elle prendre sa revanche... et avoir les mêmes raisons pour t'aimer?

LE BARON. Mlle Granger est une personne honnête, sage, fort bien élevée...

DUBREUIL. D'accord.

LE BARON. Qui a des principes sûrs...

DUBREUIL. Les principes ne peuvent rien contre les passions... Les principes n'ont jamais empêché les accidens.

LE BARON, *avec humeur.* Parce que tu n'as pas trouvé à te remarier.

DUBREUIL, *gaîment.* Moi!.. avec mes cinquante-huit ans, ma perruque noire, mon cabriolet jaune et mes dix-huit mille livres de rentes... j'aurais, depuis mon veuvage, épousé vingt femmes si je l'avais voulu.... des mères de famille très-respectables m'ont fait la cour pour le compte de leurs filles, ne perdant jamais l'occasion de louer devant elles mon caractère, ma maison de campagne et le bonheur dont a joui ma défunte... Je le confesse à ma honte... j'ai été sur le point de me laisser prendre à cet innocent manége, et de faire la même sottise que toi... Mais je me suis arrêté à temps.

LE BARON. C'est que tu n'aimais pas.

DUBREUIL. Si parbleu, j'aimais!.. j'aimais... comme on peut aimer à notre âge, après avoir donné et repris son cœur cinq ou six fois dans le cours de sa vie... La jeune fille était charmante, et il n'aurait tenu qu'à moi de croire qu'elle n'avait aucune répugnance.

LE BARON. Et cela ne t'a pas engagé ?

DUBREUIL. Après avoir admiré sa figure... j'ai regardé la mienne... j'ai été effrayé de la différence. Cet effroi salutaire nous a sauvés tous les deux... J'ai été passer trois mois à ma campagne..... j'ai fait une guerre à outrance au gibier des environs... j'ai bouleversé mon parc, démoli, rebâti ma maison... démeublé, remeublé les appartemens, abattu et planté je ne sais combien de milliers d'arbres, m'occupant, me fatiguant, m'étourdissant, et je ne suis revenu à Paris que lorsque j'ai su que Mlle Gerbier s'était mariée à un jeune intendant militaire qu'elle aime, dont elle est aimée, et avec lequel elle sera beaucoup plus heureuse qu'elle ne l'eût été avec moi.

LE BARON. Je ne serais pas capable d'un pareil acte de courage... je suis d'ailleurs convaincu que Mlle Granger a de l'amitié pour moi.

DUBREUIL. Regarde... tu n'oses pas dire de l'amour.

LE BARON, *avec un peu d'humeur.* L'amour... l'amour viendra.

DUBREUIL, *vivement.* Pour un autre.

LE BARON, *se fâchant.* Dubreuil!

DUBREUIL, *avec malice et gaîté.* Écoute : il y a long-temps que nous nous connaissons; je t'ai connu que tu n'avais ni rentes, ni titres, ni cordons, et tu n'en valais pas moins pour cela; tu as fait la guerre, j'ai fait la banque ; le hasard et les circonstances nous ont tantôt réunis, tantôt séparés... mais notre amitié a toujours été franche et sincère... Eh bien! je ne sais point cacher la vérité à mes amis... or voici l'horoscope de tout ménage où le mari a trente ans de plus que sa femme. Si la jeune fille est faible et timide... elle sera en butte aux caprices d'un mari qui lui inspirera plus de crainte que d'amour ; si, au contraire, elle est légère, coquette, elle tyrannisera son époux et le rendra malheureux!... Dans ces mariages-là il y a toujours une victime, souvent deux... quelquefois trois.... Au surplus épouse... je serai là, le premier jour, pour signer au contrat et embrasser la mariée... et six mois après... je serai encore là... pour la plaindre... ou pour te consoler.

Il entre à gauche.

LE BARON *seul.* Ce diable de Dubreuil a toujours été original!..... comme si le danger était le même pour tout le monde.

CÉLESTINE, *de la coulisse.* Ma tante... nous voici!.. (*Elle entre avec Eulalie par la porte du fond; elles sont surprises de voir le baron.*) Ah!.. (*Elles lui font la révérence.*) Pardon, monsieur, j'avais laissé ici Mme Granger, et je croyais l'y retrouver à mon retour.

LE BARON, *à Eulalie.* Mademoiselle, je quitte à l'instant Mme votre mère... Dans l'entretien que nous avons eu ensemble, il a beaucoup été question de vous. Vos parens ne sont occupés que de votre bonheur, et je m'estimerais heureux si les projets qu'ils ont formés obtenaient votre assentiment.

Il salue et sort.

SCENE VIII.

EULALIE, CÉLESTINE.

CÉLESTINE. Qu'est-ce qu'il dit donc, ce monsieur-là ?

EULALIE. C'est la personne dont je t'ai parlé... ce monsieur qui a été si poli, si prévenant au bal de la préfecture, et qui me faisait rougir toutes les fois qu'il me regardait.

CÉLESTINE. Tu ne l'avais pas revu ?

EULALIE. Une fois, le lendemain de la fête, puis je suis retournée à ma pension... mais maman m'a dit que depuis il était venu plusieurs fois à la maison, demandant toujours de mes nouvelles... mon pauvre frère a autrefois servi sous ses ordres... c'est en quelque sorte un ancien ami de la famille.

CÉLESTINE. Alors cela m'explique l'intérêt qu'il prend à ton bonheur.

EULALIE, *gaîment.* Parlons du tien... te voilà bien heureuse ; tu te maries.

CÉLESTINE. C'est un bonheur qui ne tardera pas à t'arriver.

EULALIE. Voilà déjà plusieurs de mes compagnes, de mes amies de pension qui se marient ; Louise Groumeau, qui a épousé ce riche banquier de la rue Grange-Batelière... sa noce était bien belle... que de bijoux!.. que de diamans!.. les belles toilettes!.. le joli bal!.. Eh bien! je me suis encore plus amusée au mariage d'Esther Pellier, qui a épousé son cousin le procureur du roi... j'ai dansé... j'ai dansé à en être malade, je n'ai pas manqué une seule contre-danse!.. oh! j'espère bien aussi danser à la tienne.

CÉLESTINE, *souriant.* A charge de revanche.

EULALIE. Mais, quand je me marierai, tu seras une femme raisonnable... une mère de famille, et les mères de famille, ça ne compte plus pour la danse.

CÉLESTINE, *souriant*. Les mères de famille forment quelquefois un fort joli corps de réserve auquel on est bien aise d'avoir recours... entendez-vous, mademoiselle?

EULALIE. Tu ne sais pas pourquoi maman m'a fait demander?

CÉLESTINE. Non, je l'ignore.

EULALIE. C'est peut-être pour me faire sortir de pension.

CÉLESTINE. Tu en serais fâchée ?

EULALIE, *gaîment*. Au contraire, je m'y ennuie, surtout à présent que mes meilleures amies n'y sont plus... oh ! je l'avoue, je serais bien contente si je ne retournais plus à ma pension.

SCENE IX.

Mme GRANGER, EULALIE, CÉLESTINE.

Mme GRANGER. Ah! te voilà, ma fille!...

EULALIE. Oui, maman.

Elles s'embrassent.

Mme GRANGER, *à sa nièce*. Célestine, M. Bernard est avec ta mère.

CÉLESTINE. Je cours lui porter du renfort... Maman l'a bien reçu, n'est-ce pas ?

Mme GRANGER. Oui, très-bien.

CÉLESTINE. J'étais sûre qu'en le voyant elle changerait d'opinion à son égard... je crois, ma chère Eulalie, que tu peux à l'avance retenir tes danseurs.

Elle sort gaîment.

SCENE X.

Mme GRANGER, EULALIE.

Mme GRANGER, *regardant sa fille*. Est-elle grande!

EULALIE. Tu trouves ?

Mme GRANGER. Tu as vraiment la taille d'une femme.

EULALIE. J'en connais de plus petites que moi.

Mme GRANGER. Ma chère enfant, je t'ai fait venir pour causer avec toi.

EULALIE. Eh bien! maman, me voici, causons.

Mme GRANGER. Ton père et moi commençons à nous faire vieux, l'un ou l'autre nous pouvons te manquer un de ces jours.

EULALIE. Mon Dieu! maman, pourquoi donc avoir de pareilles idées?.. vous et mon père vous vous portez à merveille... et j'espère être encore pendant long-temps à l'abri d'un pareil malheur.

Mme GRANGER. Si nous venions à mourir tous les deux, qui te recueillerait? qui te protégerait?.. le sort d'une femme seule est bien à plaindre !.. dans toutes les circonstances de la vie elle a besoin d'un guide, d'un appui.

EULALIE. N'avons-nous pas des parens, des amis ?

Mme GRANGER. L'ami d'une femme, c'est son mari.... et ton père et moi, après y avoir bien réfléchi, nous aurions envie de te marier.

EULALIE. Me marier !.. moi ! et avec qui ?.. je ne connais personne.

Mme GRANGER, *câlinant*. Au dernier bal de la préfecture, tu n'as pas remarqué quelqu'un ?..

EULALIE. Comment !.. est-ce que ce serait avec ce vieux monsieur ?

Mme GRANGER, *avec importance*. Le général est un fort bel homme.

EULALIE, *avec un petit ton boudeur*. Il a des cheveux blancs.

Mme GRANGER, *vivement*. On en a à tout âge, mon enfant... cela ne prouve rien... le général est un homme qui a de belles propriétés et qui t'aime beaucoup.

EULALIE. Est-ce qu'on peut aimer une personne que l'on n'a vue qu'une fois?

Mme GRANGER. Deux !.. il t'a vue aussi toute petite.... ce n'est pas une connaissance d'un jour... et puis, mon enfant, il est fort riche.

EULALIE. Et nous, maman, est-ce que nous ne sommes pas riches aussi ?

Mme GRANGER. Ma pauvre fille, qu'est-ce que c'est que sept à huit mille livres de rentes dans un temps comme celui-ci... à une époque où tout le monde veut briller, où la fortune est le premier de tous les mérites?.. c'est presque une misère honorable.

EULALIE. Tu m'as pourtant fait élever avec ce qu'il y a de mieux... avec des filles de ducs, de receveurs-généraux... enfin, dans une des premières pensions de Paris ?

Mme GRANGER, *vivement*. Parce que l'éducation est la première vertu d'une femme, et qu'elle offre souvent un excellent moyen d'établir ses enfans... quand on a de l'éducation, des talens, on n'est déplacée nulle part... on peut épouser un maréchal de France.

EULALIE, *souriant*. S'il se présente.

Mme GRANGER. Le général a été fait baron par Napoléon, il est de la première noblesse de l'empire... sous la restauration, il s'est livré à des spéculations qui lui ont valu des bénéfices immenses ; et puis c'est un homme si doux, si aimable, si rempli d'attentions, de prévenances.

EULALIE. Eh ! mon Dieu, maman, quand je veux obtenir quelque chose de toi, est-ce que je ne suis pas plus gentille qu'à l'ordinaire ?.. je me contrefais un peu pour avoir en ma possession ce que je désire... M. le baron agit peut-être comme moi.... il se contrefait peut-être aussi un peu....

Mme GRANGER. Il te reconnaîtra dix mille francs de rentes... en t'épousant.

EULALIE, *surprise et contente*. Dix mille francs de rentes, à moi !

Mme GRANGER. Oui.

EULALIE. Dont je pourrais disposer !

Mme GRANGER. Sans doute. Voyons, là... entre nous, est-ce que tu ne serais pas bien contente d'avoir une voiture à toi ?..

EULALIE, *enchantée*. Oh ! si !

Mme GRANGER. Des laquais... une livrée... d'habiter l'hiver un bel hôtel à Paris..... l'été un beau château à la campagne... où tu recevrais ton père, ta mère... toute ta famille, qui jouirait de ton bien-être, qui serait fière de ta position ?.... La fortune, mon enfant, c'est la vie..... c'est le bonheur ! c'est la paix dans un ménage... avec elle on a tout, du respect, des amis, de la considération. Cinquante mille livres de rentes, mon enfant, c'est le paradis sur la terre !

EULALIE, *avec un petit mouvement d'orgueil*. Henriette Dormesson qui est si orgueilleuse d'en avoir épousé vingt-cinq !..

SCENE XI.

Mme GRANGER, EULALIE, GRANGER.

Mme GRANGER. Eh ! arrivez donc, monsieur Granger... et venez embrasser Mme la baronne de Ronçay.

GRANGER. J'étais convaincu que ma fille serait raisonnable.

EULALIE, *avec embarras*. Mais ce monsieur.... je le connais à peine, si j'allais ne pas l'aimer ?

GRANGER. Ne pas l'aimer !.. un homme qui te comble de biens... qui t'appelle à l'honneur de porter son nom, de partager sa fortune, qui fait de toi une baronne... ne pas l'aimer !... c'est impossible.

EULALIE. Vous croyez ?

Mme GRANGER. Mais, ma chère Eulalie... que peuvent vouloir un père et une mère, si ce n'est le bonheur de leur enfant ?.. Crois-tu donc que, si nous n'étions pas certains d'avance que tu seras heureuse... nous t'engagerions à accepter M. le baron de Ronçay pour ton époux ?.. loin de là, nous serions les premiers à le refuser.

EULALIE. Oh ! oui, je suis bien persuadée que vous m'aimez, que vous ne voulez que mon bonheur... je dois m'en rapporter à votre amitié, à votre expérience.

ÉTIENNE, *entrant avec un commissionnaire*. De la part de M. le général baron de Ronçay.

Le commissionnaire dépose la corbeille, et sort avec le laquais.

GRANGER, *regardant sortir Étienne*. Une belle livrée !...

Mme GRANGER, *courant à la corbeille*. Voyons !... voyons !... Oh ! les belles choses ! un écrin !... (*L'ouvrant.*) Superbe !

EULALIE. Oh ! les beaux diamans !

Mme GRANGER. Ils sont à toi !...

EULALIE. A moi !... ces beaux bracelets... ce diadème ?...

Elle l'essaie.

Mme GRANGER. Un... deux... trois cachemires de l'Inde.

EULALIE. Trois cachemires !...

Mme GRANGER. Vas-tu être heureuse !...

EULALIE *en déploie un*. Il est bien plus beau que celui d'Honorine.

Mme GRANGER. Et une bourse !.... d'un travail !...

EULALIE. Remplie de Napoléons !.. oh ! qu'il y en a !..

GRANGER. Crois-tu maintenant que tu pourras l'aimer ?

EULALIE, *avec candeur*. Je ferai mon possible.

SCENE XII.

Mme GRANGER, EULALIE, Mme LAROCHE, GRANGER.

Mme LAROCHE. Eh bien ! ma sœur, dans les familles un bonheur ne vient jamais tout seul... mon fils est arrivé.

GRANGER. Charles !

EULALIE. Mon cousin !...

Mme LAROCHE. Il est dans les honneurs... sous-lieutenant !

EULALIE. Officier !...

Mme GRANGER. Tu vois qu'il ne faut jamais désespérer.

Mme LAROCHE. Le gouvernement se conduit fort bien avec lui ; pourvu que cela dure... Il est dans ce moment au ministère... et va bientôt revenir pour signer au contrat de sa sœur.

EULALIE, *joyeuse.* Et au mien!

GRANGER. Oui, car j'avais tant de confiance dans le bon sens de ma fille... dans sa soumission aux désirs de ses parens... que j'ai prié Dubreuil de prévenir mon notaire et de venir avec lui.

Mme LAROCHE, *avec un peu d'importance.* M. Bernard doit nous amener le sien.

EULALIE. Oh! ici... ici!... n'est-ce pas, papa?... les deux contrats se signeront en même temps, les deux noces n'en feront qu'une... ce serait charmant!

Mme LAROCHE, *aigrement.* Reste à savoir si M. le baron ne se trouvera pas scandalisé de la réunion!... un graveur... et un général!...

EULALIE, *gaîment.* Est-ce qu'ils ne seront pas cousins?.... est-ce que Célestine ne serait pas venue à ma noce, et moi à la sienne?... Il faut que mon mari fasse connaissance avec toute la famille... Mon cousin est militaire? mon mari le protégera.

Mme GRANGER. Charmante enfant!...

Mme LAROCHE. Viens... viens!... que je t'embrasse!.. voilà comme j'étais dans ma jeunesse!...

SCENE XIII.

Mme GRANGER, EULALIE, LE BARON, Mme LAROCHE, GRANGER.

Le baron salue de la porte.

Mme GRANGER, *va au-devant de lui.* Approchez, approchez, mon gendre...

LE BARON. Ah! madame!.. (*A Eulalie.*) Mademoiselle... puis-je espérer que vous daignerez confirmer un titre si doux?

EULALIE, *avec timidité et regardant son père et sa mère.* Monsieur, dans une circonstance aussi grave, j'ai dû me conformer à la volonté de ma famille et m'en rapporter à la sagesse de mes bons parens.

LE BARON. Ah! mademoiselle, vous me rendez le plus heureux des hommes... je voudrais avoir des millions pour les déposer à vos pieds.

Mme LAROCHE, *à part.* Il s'exprime très-convenablement... quand mon gendre pourra-t-il parler comme cela?

GRANGER. Général, vous êtes accoutumé aux victoires, ce triomphe ne doit pas vous étonner.

LE BARON. Je n'en ai jamais remporté qui m'ait fait éprouver autant de plaisir!

Mme GRANGER. Savez-vous que votre corbeille est magnifique?

LE BARON. J'ai tâché de la rendre digne de celle à qui je l'offrais.

SCENE XIV.

Mme GRANGER, CHARLES, EULALIE, LE BARON, Mme LAROCHE, GRANGER.

CHARLES, *en officier.* Eh! bonjour, mon oncle. (*Il lui donne la main.*) Bonjour, ma tante, vous permettez... (*Il l'embrasse.*) Et la petite cousine?..

Il va pour l'embrasser.

Mme GRANGER, *l'arrêtant.* Doucement... devant son mari!

CHARLES. Ma cousine est mariée!... et je n'en ai rien su.

EULALIE. Non, mon cousin; mais on me marie aujourd'hui.

GRANGER, *montrant.* Avec M. le baron de Ronçay.

CHARLES. Ah!... mon général!...

LE BARON, *à Charles.* Vous servez?..

CHARLES. Dans le 4me de dragons, en garnison à Strasbourg.

EULALIE. Vous êtes bien aimable, mon cousin, d'arriver juste au moment de mon mariage... vous serez mon premier garçon de noces...

CHARLES. Avec plaisir, ma cousine...

EULALIE. J'ai un compliment à vous faire... l'épaulette vous va supérieurement!...

Mme LAROCHE. Ils ont été assez longtemps à la lui donner!... on était plus expéditif sous Napoléon... il en pleuvait, des épaulettes!... mais à présent que le gouvernement a la fureur de ne pas vouloir se battre!

GRANGER. D'après les progrès de la civilisation, la paix n'est pas un état naturel...

LE BARON. Un de ces jours nous aurons une bonne guerre!...

CHARLES. Dieu le veuille!

EULALIE. Pour vous faire tuer, n'est-ce pas?

CHARLES. Pour me distinguer et mériter l'étoile des braves.

LE BARON. Bien, bien, jeune homme!

SCENE XV.

Mme GRANGER, CHARLES, EULALIE, LE BARON, MONNERON, DUBREUIL, Mme LAROCHE, GRANGER.

DUBREUIL. Je suis de parole, mon cher Granger, je vous amène mon notaire..... j'ai été le chercher au corps-de-garde.

MONNERON, *en habit de garde national.* Dix minutes plus tard il me trouvait en faction, et je n'aurais pu quitter. (*Montrant Eulalie et Charles.*) C'est sans doute pour ces deux jeunes gens? mariage d'amour...

M. GRANGER, *montrant le baron.* Non, monsieur, voilà le futur.

MONNERON. Mariage raisonnable.... ce sont quelquefois les plus heureux!

DUBREUIL, *gaiement.* Sème un peu de flatterie pour bonifier tes honoraires.

SCENE XVI.

LES MÊMES, CÉLESTINE, BERNARD, DAVIAU.

CÉLESTINE, *de la porte.* Maman?

Mme LAROCHE. Qu'est-ce?

CÉLESTINE. M. Bernard est là avec le notaire, faut-il les faire entrer?...

EULALIE, *vivement.* Oui, oui... c'est convenu.

MONNERON, *à lui-même.* Un second notaire!

EULALIE. C'est pour ma cousine... elle se marie aussi... et vous ne pouviez pas faire les deux contrats.

Célestine, Bernard, Daviau entrent et saluent.

MONNERON, *à part.* Je suis le mieux partagé.

DUBREUIL, *à Célestine.* Eh! eh! petite sournoise, vous ne m'aviez rien dit de ce mariage... M. Bernard, vous ferez beaucoup d'envieux.

Mme GRANGER, *à Monneron.* Placez-vous ici, M. le notaire.

Mme LAROCHE, *à Daviau.* Vous, là...

Mme GRANGER. Et, en attendant l'arrivée des témoins, vous prendrez les noms des futurs ; vous établirez les conventions.... les donations...

DUBREUIL, *souriant.* Tous les articles du marché...

Eulalie, le Baron. M. et Mme Granger, entourent leur notaire. Célestine, Bernard, Mme Laroche sont autour de la table de Daviau ; Charles et Dubreuil sont au milieu.

CHARLES, *regardant Eulalie.* Qu'elle est jolie ma cousine!... comme deux années l'ont changée à son avantage!...

DUBREUIL. On dirait que le petit cousin a de l'ambition.

EULALIE, *répondant à une question du notaire.* Dix-sept ans et demi.

LE BARON, *de même.* Cinquante-cinq ans.

DUBREUIL. Passés!...

DAVIAU, *à Mme Laroche.* Et vous donnez, madame, à Mlle votre fille?...

Mme LAROCHE. Je donne... je donne...., tout ce que je peux... mille écus.

BERNARD. Ah! madame...

CÉLESTINE. Pourquoi ne dites-vous pas ma mère?

BERNARD. Ma mère... je les accepte avec reconnaissance.

CÉLESTINE. Votre femme ne vous fait pas riche... mais elle espère vous rendre heureux.

MONNERON, *au baron.* Ainsi les dix mille francs de rente retourneront aux parens en cas de mort?..

DUBREUIL. Est-ce que tu profites de l'occasion pour faire ton testament?

MONNERON. Vous savez que, dans ces actes-là, nous sommes obligés de prévoir tous les cas.

DUBREUIL. Oui, je sais qu'il n'y a rien de triste comme un contrat de mariage. A chaque ligne il y est question de mort et d'argent...

CHARLES. C'est pourtant vrai, ce que vous dites là, monsieur Dubreuil. Si jamais je me marie, je ne ferai point de contrat de mariage, ce sera toujours cela de gagné.

CÉLESTINE. En attendant, monsieur le raisonneur, venez lire et approuver le mien.

Charles va lire le contrat.

SCENE XVII.

LES MÊMES, INVITÉS, JEAN.

JEAN, *annonçant de la porte.* Monsieur de Mauroy.

LE BARON. Ah! voici nos invités!

Le comte de Mauroy entre, salue M. et Mme Granger. Le baron va au-devant de lui.

JEAN, *annonçant.* Monsieur et madame Flamanchet.

Ils entrent, saluent. La famille Laroche va au-devant d'eux.

DUBREUIL, *sur le devant de la scène.* La droite... et la gauche bien distincte... il n'y a ici que moi de juste-milieu.

JEAN. Le général Bernier de Luçon.

Il entre, salue la famille Granger.

JEAN. Monsieur Triquenot.

La famille Laroche lui fait accueil.

JEAN. Monsieur le chevalier de Saint-Pierre et madame Dolbreuse.

Ils entrent et sont reçus par le général.

JEAN. Monsieur Brécha, sapeur de la douzième légion.

Tout le monde finit par se mêler, se parler et ne plus former qu'un groupe.

DUBREUIL. Les grands et les petits finissent par se rapprocher, se confondre, c'est d'un bon exemple.

JEAN, *une serviette sur le bras.* Madame est servie.

M. GRANGER. Allons, messieurs, la main à vos dames : après le dîner nous reviendrons écouter et signer les deux contrats.

DUBREUIL. C'est bien le diable si dans ces deux mariages il n'y en a pas un de bon ; mais lequel?

Le général donne la main à Mme Granger, Bernard à Mme Laroche, le comte de Mauroy à Célestine. Le vieux général Bernier de Luçon offre sa main à Eulalie, qui, sans le voir, présente la sienne à Charles.

EULALIE. Eh bien! mon cousin?

Charles s'empresse.

DUBREUIL, *les examinant.* Il paraît que nous aimons mieux les sous-lieutenans que les généraux.

ACTE DEUXIÈME.

Le théâtre représente un petit salon, espèce de boudoir richement meublé.

SCENE PREMIERE.

EULALIE, HENRIETTE.

Au lever du rideau, Eulalie devant une glace, essaie un chapeau.

HENRIETTE. Je vous assure, madame, que celui-ci va beaucoup mieux que l'autre...

EULALIE. Vous croyez?..

HENRIETTE. Le jaune est le fard des brunes... ce chapeau-là vous rajeunit...

EULALIE, *gaîment.* Il me semble qu'une femme qui n'a pas dix-neuf ans, et qui ne compte que treize mois de mariage, n'a pas grand besoin de se rajeunir...

HENRIETTE. La vérité, c'est qu'il vous sied à merveille... vous n'avez pas encore eu un chapeau qui vous ait coiffée aussi bien...

EULALIE, *se regardant.* Oui, oui... il ne fait pas mal...

SCENE II.

LES MÊMES, Mme GRANGER.

Mme GRANGER, *de la porte.* Charmante!.. charmante!..

EULALIE. Ah!... c'est vous, maman!... pourquoi donc ne vous a-t-on pas annoncée?...

Mme GRANGER. C'est moi qui ne l'ai pas voulu... j'avais hâte de te voir... j'étais inquiète... On ne t'a pas vue hier au soir au concert du jeune Listz?

EULALIE. Le général était indisposé... je lui ai tenu compagnie... Vous trouvez donc que ce chapeau me va bien?..

Mme GRANGER. Tu es coiffée comme un amour...

EULALIE, *à la modiste.* Mademoiselle, je garde le chapeau...

Mme GRANGER. Nous l'étrennerons ensemble...

EULALIE. Vous direz aussi à Mlle Herbault qu'elle m'envoie mon bonnet... jeudi dans la journée... j'en ai absolument besoin.

HENRIETTE. Cela suffit, madame...

Elle sort emportant ses cartons.

SCENE III.

EULALIE, Mme GRANGER.

Mme GRANGER. Et où vas-tu donc jeudi?

EULALIE. Le général et moi, nous sommes invités à passer la soirée chez M. le comte de Fermont ; mais reste à savoir si nous irons ; car souvent au moment de partir... le général se rappelle qu'il a des affaires ou des douleurs... et alors nous restons...

Mme GRANGER. Il me semble que le général pourrait bien te confier à un de ses amis, à M. Dubreuil.

EULALIE. Cela est arrivé deux ou trois fois ; mais je me suis aperçue que M. de Ronçay, que je laissais aimable et gai à mon départ, devenu triste en mon absence, boudait au retour..... C'est toujours avec impatience, avec humeur, qu'il écoute le récit que je lui fais des plaisirs de ma soirée : on dirait qu'il n'a consenti à me laisser partir pour m'amuser que sous la condition que je m'ennuierais!.. Quand j'ai vu cela, je me suis résignée à ne plus sortir seule...

Mme GRANGER. Ce n'est pas raisonnable ; une femme, à ton âge, a besoin de se dissiper, de se distraire... c'est nécessaire à sa santé... je parlerai à mon gendre.

EULALIE. Oh! non, je vous en prie!

Mme GRANGER. D'abord il faut que tu

viennes avec nous, aux Français, samedi prochain, voir la nouvelle pièce de M. Casimir Delavigne... *les Enfans d'Édouard*. On dit que c'est tiré d'un tableau exposé au salon...

EULALIE. Je pense bien que le général ne me refusera pas une loge pour ce jour-là!...

Mme GRANGER. Je voudrais bien voir qu'il refusât une si jolie petite femme; d'ailleurs il peut y venir aussi... il n'a qu'à prendre une loge de six places, nous y tiendrons quatre fort à notre aise... je viens t'emprunter ton cabriolet pour aller, à Pierrefitte... chercher ton père!

EULALIE. L'avez-vous dit en bas à Étienne?..

Mme GRANGER. Oui. C'est décidé, nous louons notre campagne pour deux ans... nous irons passer ces deux saisons-là au château de ton mari... il y a des sites charmans! des vues d'un pittoresque!.. L'air y est vif et pur, je m'y porte à ravir.

EULALIE. Vous savez que nous partirons le mois prochain.

Mme GRANGER. Oh! j'ai déjà commencé mes préparatifs...

ÉTIENNE, *à Mme Granger*. Madame, le cabriolet vous attend.

Mme GRANGER. C'est bien.

ÉTIENNE, *à la baronne*. Madame Bernard est dans l'antichambre, qui fait demander si madame est visible?

EULALIE. Pour ma cousine!.. toujours, toujours!..

Mme GRANGER. Je vous laisse ensemble. (*A Célestine qui entre.*) Bonjour, Célestine... (*A Eulalie.*) Je ne fais qu'aller et revenir, c'est l'affaire de six heures tout au plus.

Étienne avant de sortir avance un fauteuil pour Célestine.

SCENE IV.

EULALIE, CÉLESTINE.

EULALIE. Assieds-toi donc... sais-tu que voilà près d'un mois que nous ne nous sommes vues?

CÉLESTINE. A qui la faute?.. je suis venue deux fois ici, la semaine dernière; la première fois tu étais sortie... la seconde, tu avais du monde... et je n'ai pas voulu être indiscrète...

EULALIE. Indiscrète! toi!.. ah! ce n'est pas bien de le penser.

CÉLESTINE. Je ne suis pas libre comme toi, moi, je ne puis pas disposer de mon temps. Mon mari et moi, nous sommes presque toujours occupés, lui à sa gravure sur métaux, moi à ma peinture sur porcelaine. Le directeur de la manufacture de Sèvres m'a donné à peindre un cabaret de mille écus pour l'empereur de Russie.

EULALIE. Un cabaret de mille écus!..

CÉLESTINE. Le service entier coûtera deux cent mille francs; entre souverains les petits présens entretiennent l'amitié.

EULALIE. Et ton mari?

CÉLESTINE. Bernard est content... Je viens t'inviter, toi et ton mari, à pendre la crémaillère chez nous, à Saint-Mandé.

EULALIE, *inquiète*. Comment! tu quittes Paris?

CÉLESTINE, *souriant*. Non... Bernard a fait des économies..... Il avait cinq à six mille francs placés en rentes sur l'état... il a réuni ses capitaux, et il a acheté une petite maison de campagne de dix-huit mille fr., avenue du Bel-Air... Cela fait que maman n'ira pas s'ensevelir en province; elle passera toute la belle saison à Saint-Mandé, où nous irons lui tenir compagnie le dimanche, et l'hiver elle restera avec nous, à Paris.... Mon mari a tant fait, qu'elle regrette un peu moins que je sois heureuse à ma manière.... Nous ne serons qu'en famille, le général, toi, mon oncle et ma tante Granger, maman, mon mari et mon frère.

EULALIE, *vivement*. Ton frère?

CÉLESTINE. Oui... je ne sais pas ce qu'il a depuis quelque temps, je le trouve triste et changé; tu n'as pas été aimable pour lui, dernièrement.

EULALIE, *émue*. Moi?

CÉLESTINE. Au bal de Sceaux, tu as refusé de danser avec Charles.

EULALIE. J'étais fatiguée.

CÉLESTINE. Quant il vient voir ton mari... tu as toujours un prétexte pour les laisser seuls... s'il te parle, tu lui réponds avec un air si froid... un ton de voix si dur!.... Le pauvre garçon.... il s'interrogeait encore l'autre jour devant moi pour savoir ce que tu pouvais lui reprocher.... ce qu'il avait fait pour encourir ta haine; car il est bien convaincu que tu le détestes.

EULALIE, *vivement*. Moi, le détester!

CÉLESTINE. Cela en a tout l'air.

EULALIE, *se remettant*. Eh bien! tant mieux, qu'il le croie.

CÉLESTINE, *vivement*. Que dis-tu?

EULALIE. Je désire lui paraître injuste, bizarre, capricieuse... je souhaite qu'il ait pour moi cette haine qu'il suppose que j'éprouve pour lui.

CÉLESTINE, *étonnée*. Mais qu'est-ce que tu as donc? d'où te vient cette humeur?..

tu n'étais pas ainsi dans les premiers temps de ton mariage.

EULALIE. C'est possible.

CÉLESTINE. Voyons, entre nous deux, de quoi est-il coupable? que lui reproches-tu?...

EULALIE. Rien.

CÉLESTINE. Alors pourquoi changer de manières avec lui? pourquoi lui faire de la peine, et à moi aussi?.. Penses-tu que je ne sois pas affligée de l'éloignement qu'on lui montre?

EULALIE. Tiens, je t'en prie, ne parlons plus de cela..... je suis sûre que ton frère est plus raisonnable que toi, et qu'il n'attache pas une si grande importance à ma façon d'agir avec lui.

CÉLESTINE. Tu te trompes, il s'en affecte beaucoup..... c'est au point qu'il m'a fait entendre que, puisque sa présence paraissait te déplaire, il se priverait de venir à Saint-Mandé si tu acceptais mon invitation.

EULALIE. Si j'y vais... il n'y viendra pas.

CÉLESTINE. Non.

EULALIE, *nonchalamment.* Eh bien! j'irai...

CÉLESTINE, *vivement.* Ah! pour le coup, tu ne peux pas le cacher, voilà de la haine bien prononcée...

EULALIE, *malgré elle.* Eh! si je le haïssais, le redouterais-je?

CÉLESTINE. Que dis-tu?

EULALIE. Ah! ma pauvre Célestine, que tu es heureuse!

CÉLESTINE. Mais la plus heureuse de nous deux, il me semble que c'est toi... tu es jeune, tu es belle, tu es riche!... il ne te manque rien...

EULALIE. Rien..... que ce que tu possèdes...

CÉLESTINE. Moi!

EULALIE. Ton mari t'aime, il te comprend... tes goûts... tes plaisirs sont les siens.

CÉLESTINE. C'est tout simple.... nous sommes du même âge.

EULALIE. Et moi, éblouie... entraînée... cédant à des conseils... j'ai épousé un homme plus âgé que moi... sans connaître la gravité de l'engagement que je contractais.

CÉLESTINE, *avec intérêt.* Eh bien!

EULALIE, *avec effroi.* J'ai peur de ne pas l'aimer.

CÉLESTINE. A l'âge du général on ne demande à sa femme qu'une bonne et sincère amitié... et je connais trop bien le cœur de ma chère Eulalie, pour craindre que jamais elle manque à ce qu'elle se doit à elle-même.

EULALIE. Ah! si tu savais quelle foule de pensées différentes, de sensations pénibles, de sentimens, de projets bizarres, sortent de ce cœur que tu crois connaître, et que je ne connais pas moi-même! Ecoute : dans les premiers mois de notre mariage, le général a été bon pour moi, complaisant... un peu protecteur; c'était tout naturel... il me regardait comme un enfant. A cette époque, cédant à des devoirs de famille, à des convenances de position, nous allions un peu plus souvent dans le monde, j'y voyais de jeunes femmes dont l'aisance et la gaîté contrastaient avec la réserve qui m'était imposée... j'enviais la liberté dont elles jouissaient... j'en recherchais la cause: elles avaient de jeunes maris..... elles aimaient... elles étaient aimées.

CÉLESTINE. J'espère que tu ne formes aucun doute sur l'attachement de ton époux?

EULALIE. Ce fut à peu près vers ce temps-là que Charles, dont notre parenté autorisait les visites, multiplia les siennes... Le général l'accueillait avec bienveillance.... et moi, habituée à le voir presque tous les jours, j'étais inquiète... ennuyée... quand il ne venait pas... je sentais qu'il me manquait quelque chose. Charles nous accompagnait quelquefois..... j'éprouvais à le voir un plaisir... trop grand peut-être; car je ne tardai pas à m'apercevoir que la figure de mon cousin vieillissait beaucoup celle de mon mari.... Je sondai ma conscience... elle ne me reprochait rien; j'interrogeai mon cœur... ah! je ne sais ce que j'y trouvai... mais je résolus de rompre le plus tôt possible avec un sentiment dont l'innocence m'avait caché le danger.... Je ne quittai plus M. de Ronçay..... dès que Charles paraissait, je fuyais... si, malgré moi, j'étais forcée de l'écouter, de lui répondre... je le faisais avec une froideur.... une sécheresse..... je m'étudiais à lui paraître dure, injuste, méchante... Crois-tu encore que je le déteste?

CÉLESTINE. Silence!.... on vient.... ton mari.

SCENE V.

EULALIE, CÉLESTINE, LE BARON.

LE BARON. Bonjour, madame. Ah! ah! vous voilà, petite cousine... depuis quelque temps on ne vous voit plus.

EULALIE. C'est le reproche que je lui faisais tout-à-l'heure.

CÉLESTINE. Général, M. Bernard vous présente ses respects, et je suis chargée par lui de vous prier de nous faire l'honneur de venir dîner chez nous dimanche prochain.

EULALIE, *souriant*. A sa maison de campagne ?

LE BARON. Comment?

CÉLESTINE. Une bicoque que nous avons achetée à cinquante pas du bois de Vincennes.

LE BARON. Il paraît que le ménage prospère.

CÉLESTINE. Eh ! comment ne prospérerait-il pas ?.. Nous sommes toujours d'accord... pas un moment de notre vie qui ne soit occupé... et, si vous voyiez comme nous nous encourageons réciproquement dans nos travaux ! avec quel zèle nous luttons de courage et de patience, pour assurer notre avenir... Entre nous, nous pouvons le dire, le mariage n'a pas été inventé pour rester toujours deux.

LE BARON. Certainement.

CÉLESTINE. Vous ne pouvez pas vous figurer les drôles de projets que nous formons en pensant à l'arrivée d'un troisième... Nous allons jusqu'à rêver l'École Polytechnique.

LE BARON. Tout le monde peut y arriver.

CÉLESTINE. Mais voilà le plus plaisant : Le mois dernier, après avoir payé notre acquisition, et l'avoir garnie d'un mobilier bien modeste, il nous restait encore sept à huit cents francs. Ce n'est pas grand'chose, mais enfin, nous ne savions qu'en faire... où les placer ? Ne voilà-t-il pas que, dans son enthousiasme, Bernard, sans m'en rien dire, prend l'argent, croyant me faire une surprise, et s'en va, place de la Bourse, à la compagnie d'assurances sur la vie.

LE BARON. Bonne idée.

CÉLESTINE. Attendez... il se présente au directeur, qui lui demande ce qu'il veut? — Placer huit cents francs sur la tête d'un enfant. — Son nom? — Si c'est un garçon, il s'appellera Eugène, comme moi ; si c'est une fille, je la nommerai Célestine, comme sa mère. — Mon cher monsieur, lui dit le directeur en souriant, la compagnie n'est pas dans l'usage d'assurer à l'avance... Et mon pauvre Bernard s'en est revenu, tout honteux, me raconter sa mésaventure et me rapporter son argent... Ah ça ! général, je vous préviens que nous ne serons que nous... Pas d'étrangers.

LE BARON. Tant mieux !.. Dans ces réunions-là, tout le monde se connaît ; on n'est pas exposé à de sottes méprises... Croiriez-vous, ma chère madame Bernard, que l'autre jour nous étions invités à passer la soirée chez M. de Longchamps, mon banquier : c'était la première fois que j'avais consenti à y aller. Un de vos dandys, de vos fashionables ne s'avise-t-il pas de me dire en me montrant Eulalie : Général, vous avez une fille charmante... Ah ! sans madame, l'impertinent aurait payé cher cette parole.

CÉLESTINE. Général, j'ai votre promesse ; je compte sur vous et sur madame. (*A Eulalie.*) Oh ! sois tranquille, je ne resterai plus si long-temps sans te voir.

SCENE VI.

EULALIE, LE BARON.

LE BARON. Je ne sais pas quelle rage ont tous ces gens-là de venir vous parler de leur intérieur.

EULALIE. A présent, mon ami, à nous deux. Vous venez de faire une promesse à ma cousine, et je viens, à mon tour, en exiger une pour moi.

LE BARON. Parlez, ma chère, parlez... Vous savez combien j'éprouve de satisfaction à vous être agréable.

EULALIE. Maman est venue ce matin.

LE BARON. Je le sais, elle s'est emparée de mon cabriolet.

EULALIE. Mon ami, vous le lui avez offert vingt fois vous-même.

LE BARON. Ce sont de ces choses qui s'offrent, mais qui ne s'acceptent point... Elle est un peu sans gêne, Mme Granger.

EULALIE. Maman est venue m'annoncer qu'on donnerait, samedi prochain, une première représentation au Théâtre-Français. Vous seriez bien aimable de m'y conduire.

LE BARON. Quelle idée vous prend là, ma chère amie ?

EULALIE. Mlle Mars joue, dit-on, pour la première fois, un rôle de mère.

LE BARON. Mlle Mars ! eh ! mon Dieu ! je la sais par cœur.

EULALIE. Vous, c'est possible ! mais moi, je ne la connais pas, et le bien que j'en entends dire me donne la plus grande envie de la voir. Songez donc qu'au moment de me marier je sortais de pension. Je n'étais jamais allée au spectacle, et, depuis mon mariage, je n'ai encore été que deux fois à l'Opéra et une fois aux Italiens.

LE BARON. Le spectacle, c'est mon antipathie ; je m'y endors, je m'y ennuie.... j'en ai tant vu... tant vu dans ma vie !

EULALIE. J'en dirai peut-être autant un jour; mais, à présent, je n'ai qu'un désir, c'est de savoir si je m'y ennuierai.

LE BARON. Je déteste ces plaisirs bruyans, cette foule qui vous poursuit de ses regards importuns.

EULALIE. Une femme n'est pas offensée de ce qu'on la regarde, à moins qu'elle ne soit vieille ou laide.

LE BARON. Et puis, le théâtre est aujourd'hui si libre... les auteurs ont pris de telles licences... On craint de mener sa femme voir un ouvrage qu'on ne connaît pas.

EULALIE. Celui-ci est de l'auteur de *l'Ecole des Vieillards*. Vous m'avez toujours vanté la pureté de son goût et son respect pour les mœurs.

LE BARON. Vous savez bien, ma bonne amie, que je n'en pouvais plus l'autre soir aux Italiens. Quatre heures d'attention, c'est pour moi une fatigue, un supplice. Au surplus, si la pièce a du succès, il sera temps d'y aller à la dix ou douzième représentation... les rôles sont mieux sus, l'ouvrage est joué avec plus d'ensemble.

EULALIE, *avec une petite moue*. Comme vous voudrez... J'attendrai .. mais alors nous irons demain au bal de M. Dubreuil?

LE BARON. Pourquoi faire?

EULALIE. Pour danser.

LE BARON. Ma chère, il y a vingt ans que je ne danse plus. Le bal, c'est bon quand on est jeune... et je ne le suis plus.

EULALIE, *avec grâce et naïveté*. Mais je suis jeune, moi... la danse est un amusement de mon âge... j'en raffole.... et j'ai si peu d'occasions de danser... (*D'un ton caressant.*) Une nuit, c'est bientôt passé.

LE BARON. Pour vous; mais songez donc, ma chère, que je n'ai plus trente ans.

EULALIE, *vivement*. Qu'est-ce que cela fait?

LE BARON. Cela fait que j'ai reconnu la futilité de tous ces divertissemens-là... que j'en suis revenu, et que je préfère mon repos.

EULALIE. Même au plaisir de votre femme?

LE BARON. En vérité, je ne te conçois pas de vouloir aller chercher des plaisirs si loin... Mais le plus grand de tous, pour moi, c'est de passer la soirée, tête-à-tête avec toi, là, tous les deux, à causer littérature, poésie.

EULALIE. Chaque chose a son temps.

LE BARON. Ou de réunir quelques vieux et bons amis avec lesquels on fait un boston, un wisth, un reversi.

EULALIE, *avec vivacité*. Oh! que c'est amusant! je déteste les cartes et je suis folle du bal...

LE BARON, *se fâchant*. Mais, Eulalie, vous devenez d'une exigence...

EULALIE, *un peu vivement*. C'est vrai, j'exige que mon mari m'accompagne... je ne veux aller nulle part sans lui... je veux qu'il partage mes amusemens, mon plaisir!... oh! je suis d'une exigence....

SCENE VII.

LE BARON, DUBREUIL, EULALIE.

DUBREUIL. Eh bien! eh bien! qu'est-ce qu'il y a donc ici? il me semble qu'on parle plus haut qu'à l'ordinaire.

LE BARON, *vivement*. C'est madame qui veut...

EULALIE, *vivement*. C'est monsieur qui ne veut pas...

DUBREUIL, *souriant*. Voilà deux volontés qu'il est bien difficile d'accorder.

LE BARON, *avec humeur*. Eulalie, qui ne rêve que plaisir...

DUBREUIL, *gaîment*. C'est de son âge.

LE BARON. Me tourmente pour voir la première représentation... des Français...

EULALIE. O mon Dieu, je suis de bonne composition... je renoncerai encore volontiers à celle-là si vous voulez me promettre de me conduire à une autre...

DUBREUIL. Nous tenons donc bien aux premières représentations?

EULALIE. Je n'en ai jamais vu.

DUBREUIL. Jamais?

EULALIE. Non.

DUBREUIL Cela ne vaut pas la peine de vous déranger. Imaginez-vous, baronne, que la composition des spectateurs, ce jour-là, est bien la plus drôle de chose! Vous entrez..... la salle est pleine..... la caisse est vide..... c'est de rigueur... les nombreux amis de l'auteur, adroitement éparpillés, occupent les meilleures places.

EULALIE. Les auteurs ont donc beaucoup d'amis?

DUBREUIL. Beaucoup..... le matin surtout... le soir cela diminue considérablement. Au parterre sont rangés en masse les amis les plus solides de la pièce; aux avant scènes les curieux, les indifférens..... les mains inutiles; aux loges de face de jeunes et jolies femmes venant essayer une mode nouvelle et disputer aux acteurs quelques regards du public; aux stalles, aux balcons, d'aimables jeunes gens qui seraient au désespoir de s'attendrir et qui s'intéressent à la chute de l'ouvrage uniquement parce qu'un drame qui tombe est beaucoup plus gai qu'un drame qui réussit... aux secondes, aux troisièmes, de bons bourgeois, d'honnêtes commerçans qui viennent au spectacle dans l'intention de s'amuser, et pour lesquels une première représentation est encore un événement... aux baignoires... dans les endroits sombres, obscurs... les ennemis... il n'y a pas d'auteur qui ne se flatte d'en avoir... aux extrémités de l'orchestre, aux encoignures des galeries, des amphithéâtres, se réfugient les actionnaires, qui pleurent à chaque drame nouveau avec une persévérance admirable..... enfin, dans les loges grillées, dans les places d'apparat, un régiment de journalistes forcés d'assister chaque soir aux triomphes ou aux funérailles dramatiques... écoutant avec distraction la pièce qui passe... et saisissant au vol une scène, une phrase, un mot bon ou mauvais, avec lequel ils feront le lendemain un article spirituel et malin, qui fera mourir de rire leurs abonnés, et de chagrin l'auteur assez faible pour croire encore à la puissance du feuilleton.

EULALIE. Vous m'avouerez, mon cher Dubreuil, que, si la veille d'une bataille, on se plaisait à tracer devant le général le tableau des troupes qui doivent prendre part à l'action, cela ne lui ôterait pas le désir d'assister au combat...

LE BARON. Non, certes.

EULALIE. Vous voyez?..

DUBREUIL. Eh bien! soit; vous assisterez à la première bataille qui se livrera, de sept à onze heures du soir, à la Porte-St-Martin ou au Gymnase; c'est moi qui, avec la permission du général, aurai l'honneur de vous amener sur le lieu du combat...

EULALIE. Vous êtes un homme raisonnable, vous.

LE BARON. On est raisonnable quand on cède à vos folies.

DUBREUIL. Mais, en attendant, j'espère vous posséder demain soir à mon bal masqué?

EULALIE, *gaîment*. Vous me connaissez trop bien pour ne pas deviner ma réponse..... mais, mon cher monsieur Dubreuil, je suis en puissance de mari... j'ai un maître dont les volontés ne s'accordent pas toujours avec mes désirs .... je vous laisse avec lui dans l'espoir que votre amitié sera plus forte que mes prières, et que l'ami réussira où la pauvre femme a échoué.

Elle sort par la porte à gauche.

SCENE VIII.

LE BARON, DUBREUIL.

DUBREUIL. Dit-elle vrai?

LE BARON. Pourquoi pas?

DUBREUIL. Tu refuserais de venir à mon bal?

LE BARON. A te parler franchement, j'aime autant rester chez moi.

DUBREUIL. Toi, c'est à merveille; mais ta femme?

LE BARON. La place d'une femme est auprès de son mari.

DUBREUIL. Allons, voilà le tyran domestique qui se dessine...

LE BARON. Le beau plaisir d'aller au bal pour y danser avec le premier venu!

DUBREUIL. Si c'est là tout l'inconvénient que tu y trouves, il est bien facile à éviter : viens et fais-la danser toi-même.

LE BARON. C'est cela! danser à cinquante-cinq ans avec ma femme, pour me donner un ridicule... merci!

DUBREUIL. Ah! tu crains le ridicule... et tu épouses une jeune fille!... mon ami, il faut avoir le courage de sa position.

LE BARON. Eh bien! oui, j'ai épousé une jeune fille... j'ai peut-être eu tort, c'est possible... mais au moins je suis sûr d'elle.

DUBREUIL. Eh! mon Dieu!... quel mari n'est pas sûr de sa femme? il n'y a que les sots qui doutent de la leur.

LE BARON. Et je ne veux pas l'exposer...

DUBREUIL. A quoi? à ce qu'elle rencontre dans le monde des personnes moins bourrues et plus agréables que toi... eh! eh!... cela pourrait arriver!

LE BARON. C'est précisément pour cela que je ne me soucie pas de conduire Eulalie au milieu de vos jeunes fats, si polis... si galans.

DUBREUIL. De la jalousie.... prends-y garde, c'est un défaut qui enlaidit furieusement les homme de notre âge et qui porte malheur à tout le monde. Si, pendant vingt ans de mariage, j'ai été constamment heureux, c'est que ma confiance en ma femme surpassait peut-être encore mon amour pour elle..... c'est que nous traitions d'égal à égal, que je l'entretenais de mes affaires et qu'elle me racontait ses plaisirs ; c'est que notre vie s'écoulait au milieu de ce mutuel accord que jamais aucune mauvaise pensée n'a obscurci ni troublé.

LE BARON. On ne t'a jamais appelé le père de ta femme, toi.

DUBREUIL. Ne vas-tu pas la rendre responsable d'une méprise malheureusement assez naturelle? ne vas-tu pas la punir de ce qu'elle t'a sacrifié ses dix-sept ans, de ce qu'elle a consenti à passer les plus belles années de sa vie auprès d'un..... d'un homme mûr si tu veux?... l'expression ne rajeunira pas ton acte de naissance. Sois homme et raisonnable... tu as été jeune... tu as aimé le plaisir.

LE BARON. Est-ce que la baronne n'a pas tout ce que peut souhaiter une femme de son âge, de son rang? lui ai-je jamais refusé robes, parures, diamans?

DUBREUIL. Des bijoux ne sont pas de l'amour, et il arrive un moment où tous les plus beaux diamans du monde ne sauraient en tenir lieu. La baronne touche à ce moment-là... elle approche de ses dix-neuf ans... Son cœur, qui, jusqu'à présent, a sommeillé, peut se réveiller un de ces beaux matins plein d'une passion subite, ardente... et qu'elle croira éternelle, parce que ce sera la première!... Tu dis à cela qu'en l'empêchant de se montrer dans le monde tu diminueras le danger. Erreur. Tu l'accroîtras, au contraire. L'isolement force la pensée à se reporter plus souvent sur le même objet. Crois-moi, occupe l'esprit de ta femme par une distraction continuelle; chasse, à force de plaisirs et de fêtes, ce besoin d'aimer dont elle n'a pu connaître encore le charme ni le danger. Dirige toutes ses pensées vers d'innocentes futilités, vers les réunions dont Paris fourmille; que le plaisir d'aujourd'hui lui fasse oublier celui d'hier et attendre avec patience celui de demain... Au lieu de la forcer à devenir aussi vieille que toi, tâche de redevenir jeune, enfant avec elle... plie-toi à ses goûts...

LE BARON. Oui, que le maître devienne l'esclave.

DUBREUIL. Ah! Ronçay... mon ami... ces deux mots-là n'ont jamais été synonymes de mari et femme.... Pour accompagner gaîment la tienne, donne congé à ta goutte, et surtout à cette humeur chagrine et revêche dont les maris font un emploi beaucoup trop fréquent pour leur agrément personnel... Que diable! si tu veux que les autres ne paraissent pas plus aimables que toi, tâche, au moins, d'être aussi aimable qu'eux.

LE BARON. Aimable!.... est-ce qu'un mari a besoin de l'être?

DUBREUIL. Beaucoup plus qu'un autre.

SCENE IX.

LE BARON, Mme LAROCHE, DUBREUIL.

ÉTIENNE, *annonçant.* Madame Laroche.

LE BARON. Allons! que veut-elle encore, celle-là?

Mme LAROCHE. Général, je suis enchantée de vous trouver... je viens vous demander un service.

LE BARON. Parlez, parlez, madame.

Dubreuil va pour sortir.

Mme LAROCHE. M. Dubreuil n'est pas de trop... Il s'agit de mon fils... Vous savez, général, que, l'année dernière, le gouvernement avait jeté les yeux sur lui?...

DUBREUIL, *souriant.* Pour le nommer sous-lieutenant.

Mme LAROCHE. Depuis ce temps il n'a pas quitté Paris... il a pris son état en dégoût... il y a des jours où il parle de donner sa démission.

LE BARON, *indifféremment.* Et la cause?

Mme LAROCHE. La cause? Je ne la sais pas au juste... mais je la soupçonne..... (*Avec mystère.*) Je crois que nous sommes amoureux.

DUBREUIL *et* LE BARON, *ensemble.* Amoureux!

Mme LAROCHE. Il dort mal, mange à peine... est de mauvaise humeur les trois quarts de la journée... Et puis, si vous saviez ce qu'il a refusé!... un parti superbe, une fortune... la veuve d'un pair de France qui vient de marier son dernier enfant.

LE BARON. Elle a donc?..

Mme LAROCHE. Trente mille livres de rentes, et quarante-huit ans... parfaitement conservée pour son âge... Savez-vous ce qu'il m'a répondu en souriant?... qu'elle n'était ni assez vieille ni assez riche... Doublez l'âge et la fortune, et je l'épouserai, m'a-t-il dit... Ah! le ciel m'est témoin que si cela était en mon pouvoir...

DUBREUIL. Ecoutez donc, un jeune homme de vingt-sept à vingt-huit ans est bien aise de se marier pour son plaisir.

Mme LAROCHE. Le plaisir en ménage, c'est la fortune! qu'elle vienne d'un côté ou de l'autre, pourvu qu'il y en ait un des deux qui en apporte beaucoup!.. et certes Charles aurait compris tous les avantages du parti qu'on m'avait offert pour lui... s'il n'avait pas le cœur pris ailleurs.

LE BARON. Et vous ne devinez pas?..

Mme LAROCHE. Il est muet... il ne parle d'aucune femme, d'aucune... si ce n'est de sa cousine... dont à chaque instant il fait l'éloge.

LE BARON, *à part.* Sa cousine...

Mme LAROCHE. Vous pouvez vous flatter d'avoir une femme bien estimée...

DUBREUIL, *au Baron.* Il est assez naturel qu'il parle de sa cousine.

Mme LAROCHE Comment! si c'est naturel!.. mais quand il m'en parle, quand il me fait l'éloge de la gaîté de son caractère... de la bonté de son cœur... je suis la première à lui dire : Tu n'en diras jamais autant de bien que nous en pensons... Ah! si vous nous entendiez, général... si vous entendiez mon fils, surtout... qui a beaucoup plus d'esprit que moi... vous seriez dans le ravissement.

LE BARON, *impatienté.* Enfin, madame, que désirez-vous?

Mme LAROCHE. C'est juste. Le voici... général ; vous êtes un homme d'âge... (*Dubreuil se cache pour rire*) un homme de sens... et, dans tous les cas, vous êtes le supérieur de Charles... eh bien! usez de votre ascendant pour le forcer à s'éloigner de la capitale...

LE BARON. Il s'en éloignera, je vous en réponds, madame.

Mme LAROCHE. Avec de l'avancement, si c'est possible... Il n'y a pas de doute que, si ce malheureux enfant aimait une demoiselle, il me l'aurait confié... j'ai donc peur qu'il ne se soit épris de quelque coquette... ou bien qu'il aime une femme qui n'est pas libre !

LE BARON, *à part.* Une femme mariée!..

DUBREUIL, *qui est passé à côté de lui.* Eh bien!.. eh bien! voilà que tu retombes dans tes accès d'humeur...A quoi penses-tu donc?.. N'ai-je pas bien gagné de toi la promesse que ta femme embellira de sa présence notre réunion de demain?

LE BARON. Elle ira... moi aussi!

Mme LAROCHE. Moi aussi... je suis invitée.

DUBREUIL, *à la porte.* Victoire! victoire! madame la Baronne... j'ai gagné votre cause!...

EULALIE, *entrant, dit à son mari.* Ah! mon ami, que vous êtes bon!..

LE BARON, *la regardant, dit à Mme Laroche.* Dans quarante-huit heures il aura quitté Paris.

Deuxième Tableau.

Le théâtre change et représente un salon touchant à une salle de bal. On entend l'horchestre exécutant une contredanse de *la Muette.* On voit passer une foule de masques, de personnes richement vêtues et déguisées. Charles paraît. Etienne est à côté de lui : ils ont l'air de continuer une conversation.

SCENE PREMIERE.

CHARLES, ETIENNE.

CHARLES. Et tu dis que ta maîtresse, que ma cousine est en domino bleu?

ÉTIENNE. Oui, monsieur Charles.

CHARLES. Un masque noir... et une ceinture blanche?

ÉTIENNE. Oui; c'est bien comme cela qu'elle était quand je l'ai menée chez Mme Bernard, qu'elle est allée prendre pour la conduire ici.

CHARLES. C'est bon, merci...

Le domestique se perd dans la foule.

SCENE II.

CHARLES, MASQUES *dans le fond.*

CHARLES. Enfin je vais la voir, lui parler!... profiter de la liberté du masque pour m'expliquer avec elle, pour connaître la cause de cet éloignement qui m'afflige, et qu'elle semble prendre plaisir à affecter de plus en plus... Ah! si elle savait tout ce que je souffre! si elle pouvait lire au fond de ce cœur qui ne bat, qui ne respire que pour elle! si elle savait combien mon amitié est pure, combien je la respecte en l'aimant!... Pauvre cousine, si jeune, si belle!... mariée à un homme qui ne veut pas... qui ne peut pas la comprendre... qui ne lui tient aucun compte de sa résignation à supporter les ennuis d'une existence si peu en rapport avec les goûts de son âge!... qui exige d'elle une abnégation complète de ses volontés!... et qui croit qu'on répare avec de l'or les torts d'un mauvais caractère et d'une mauvaise éducation... Ah!... je crois voir!... oui... oui... la voilà qui vient de ce côté.

SCENE III.

CÉLESTINE, *en domino bleu,* CHARLES.

CHARLES, *allant au-devant d'elle et l'arrêtant gaîment.* Pardon, beau masque, si je t'arrête... mais depuis long-temps je désire m'entretenir avec toi, et l'occasion qui m'est offerte est trop belle pour la laisser échapper.

CÉLESTINE, *à part.* Que dit-il?... à qui croit-il parler?

CHARLES, *l'amenant sur le devant de la scène et changeant de ton.* Au nom du ciel!... pendant que nous sommes seuls... oh! de grâce... parlez... parlez... un mot!... Quels sont mes torts?... que me reprochez-vous?... par où ai-je mérité de vous déplaire?.. Vous ne savez donc pas que votre haine pour moi, c'est la mort... oui... la mort?..

CÉLESTINE, *à part.* Grand Dieu!

CHARLES. Haï de vous, l'existence me serait odieuse, elle deviendrait un fardeau dont je ne pourrais long-temps supporter le poids... Eulalie!...

CÉLESTINE, *à part.* Eulalie!

CHARLES. Si vous saviez tout ce que j'ai éprouvé de peine, de tourment, quand j'ai vu tout-à-coup succéder à une amitié qui faisait tout mon bonheur une indifférence qui a fait mon désespoir... Ce changement inexplicable dans votre conduite m'a révélé toute la force du sentiment qui m'attirait près de vous... (*Elle fait un mouvement comme pour sortir.*) Il faut que vous le sachiez..... cet amour... mon bonheur, mon supplice... cet amour, depuis un an, il me dévore... il me tue.

CÉLESTINE. Charles!

CHARLES. Ciel! ce n'est pas sa voix!

CÉLESTINE, *ôtant son masque.* Charles... mon frère.

CHARLES. Célestine!...

CÉLESTINE. Oui, c'est moi!

CHARLES. Comment se fait-il?... on m'avait assuré...

CÉLESTINE. Ah! tu dois bénir cette méprise... elle t'épargne un repentir... Mon frère... celle à qui tu croyais t'adresser est mariée... elle a juré fidélité à l'homme auquel elle s'est unie volontairement.

CHARLES. Eulalie a été sacrifiée... on a profité de sa jeunesse, de son inexpérience.

CÉLESTINE. Eulalie est notre parente... son honneur, sa réputation, doivent nous être chers, nous serions les premiers à les défendre contre quiconque oserait les attaquer... et tu voudrais lui ravir sa propre estime.... Mais, malheureux, toi aussi tu profiterais de son inexpérience pour la séduire!.. mais tu serais cent fois plus coupable que celui auquel tu prétends qu'on l'a sacrifiée.

CHARLES. Eh! crois-tu donc, ma sœur, que depuis un an je ne l'ai pas combattu cet amour qui s'est emparé de toutes les facultés de mon ame?... Voilà la source de ces inégalités d'humeur que tu me reprochais sans cesse; j'étais triste ou gai suivant qu'elle m'avait bien ou mal accueilli... Un mot, un regard, un geste d'elle... me donnaient cette joie folle, insensée... ou me courbaient sous cette tristesse accablante qui ont tant de fois effrayé ton amitié!.. Ah! toi, froide... heureuse... tranquille... si tu pouvais sentir comme je l'aime!

CÉLESTINE, *avec force.* Eh bien! prouve-lui ton amour en la respectant, impose-toi un silence éternel.

CHARLES. Je ne le pourrais pas.

CÉLESTINE. Aie le courage de la fuir... renonce à la voir, à aller chez elle.

CHARLES. Eh! si j'y vais, c'est malgré moi... c'est poussé par la fatalité!... Cent fois par jour, je me jure à moi-même de n'y plus remettre les pieds..... un quart d'heure après je suis devant sa porte...... et je sonne... et j'entre, et je n'ai pas plus tôt aperçu son mari, que je voudrais être à cent lieues.

CÉLESTINE. Fais mieux.... pars, quitte Paris... abrége ton congé, rejoins ton régiment.

CHARLES. Quitter Paris!

CÉLESTINE. Si ce départ devait sauver l'honneur d'un de tes camarade, hésiterais-tu?

CHARLES. Non.

CÉLESTINE. Eh bien! en partant tu accompliras un devoir plus sacré, tu sauveras l'honneur d'Eulalie.

CHARLES. Tu voudrais?....

DAVIAU, *entrant et apercevant Célestine.* Ah!.. c'est elle!... (*Il avance.*) Pardon, madame; mais vous m'avez promis cette contre-danse, et voilà qu'on se met en place.

CÉLESTINE. Je suis à vous, monsieur. (*A Charles.*) Refléchis, je viendrai prendre ta réponse.

Elle sort avec Daviau.

SCENE IV.

CHARLES.

Non.... non..... c'est impossible!.... ce qu'exige ma sœur ne se peut pas...... je n'irai pas quitter Paris, m'éloigner d'Eulalie, sans avoir eu avec elle une explication devenue tout-à-fait nécessaire... D'abord, je suis sûr qu'Eulalie n'aime pas son mari... Elle ne peut pas l'aimer.... l'opposition de leurs caractères... la différence de leur âge, qui en apporte tant dans leur manière d'éprouver, de sentir..... ils ne peuvent rien voir avec les mêmes yeux!.. Eh! si elle en aimait un autre!... un autre!.... Ah! ce serait un malheur pour tous!...

SCENE V.

Mme LAROCHE, CHARLES.

Mme LAROCHE. Ah! que la fortune est une belle chose, et que les gens riches sont heureux!

CHARLES. Vous sortez de la salle de bal ma mère...

Mme LAROCHE. Ah! ne m'en parle pas... c'est superbe! c'est magnifique!...... je suis outrée.

CHARLES. Outrée!... et pourquoi?

Mme LAROCHE. Cette dame qui était sur la *Gazette des Tribunaux*, la semaine dernière... Mme B... trois étoiles... car c'est encore là un des priviléges de la richesse... dans un pays où, comme on dit, tous les priviléges sont abolis... quand les gens riches vont devant les tribunaux... c'est toujours en abrégé..... mais, quand c'est de pauvres gens, on vous les imprime tout entiers, noms, prénoms, demeure et profession... c'est de l'égalité, si on veut.

CHARLES. La bonne mère a raison.

Mme LAROCHE. Et M. Dubreuil reçoit chez lui une femme sur laquelle il court des bruits... ah!... une femme qui plaide en séparation!... Vous me direz : Elle est marquise, elle à soixante à quatre-vingt mille livres de rentes.... ça efface bien des péchés!...

CHARLES. Eh bien! cette dame..... que fait-elle donc qui vous irrite si fort?

Mme LAROCHE. Elle danse!.. avec son avoué... il a bien fallu; car elle a dû s'apercevoir en entrant que sa présence n'était pas agréable à tout le monde... Une femme mariée qui a un amant... et qui plaide contre son mari!...

CHARLES. Vous savez, ma mère, qu'il y a des circonstances graves, imprévues... qui peuvent nécessiter un procès...

Mme LAROCHE. Il n'y en a point qui puissent excuser une femme d'avoir manqué à ses devoirs; Dieu merci! de mémoire d'homme, aucune de nous n'a bronché dans notre famille... Nous pouvons marcher tête levée, l'honneur de nos maris n'a pas souffert la moindre égratignure, même sous le règne du divorce : c'est remarquable.. Sais-tu qu'il a été un moment où j'étais bien chagrine?

CHARLES. Vous, ma mère?

Mme LAROCHE. Et à cause de toi.

CHARLES. De moi!

Mme LAROCHE. Oui, mon garçon..... je te voyais triste, rêveur, poussant malgré toi des soupirs qui n'annonçaient pas un esprit bien tranquille. Enfin.... j'ai cru que tu étais amoureux d'une femme mariée!...

CHARLES. Moi!

Mme LAROCHE. Mais ta sœur m'a bien vite démontré l'injustice de mes soupçons... Va, mon Charles, mon bon fils, ne trouble jamais la paix d'un ménage... ces amours-là ne sont pas long-temps un mystère, et quand ils sont découverts... de combien d'humiliations ils accablent une pauvre femme!... c'est à qui lui jettera la pierre, à qui la noircira davantage... Dieu sait le scandale..... et les querelles..... et les affronts..... les parens eux-mêmes finissent par répudier leur parente... par ne plus la recevoir chez eux.... Ah!.... moi, d'abord... si jamais, dans notre famille si intacte jusqu'à ce jour, il arrivait quelque chose de cette nature... quand ce serait ma nièce Eulalie... ou ma fille Célestine, je fais bien serment à Dieu..... de ne plus les voir ni en entendre parler... Charles, mon fils, toi qui es si bon, si honnête... n'aie jamais d'amour pour une femme mariée..., respecte... respecte le mariage, tu te marieras un jour, et ne sois jamais la cause du malheur de deux époux.

CHARLES. Ma mère...

Mme LAROCHE. Tu me le promets?

CHARLES. Ah! oui, ma mère.

Mme LAROCHE. Ah! si nous n'étions pas au bal, comme je t'embrasserais!...

CHARLES. Eh bien! ma mère, oubliez que nous sommes au bal.

Ils s'embrassent.

Mme LAROCHE. Tu m'as rendu bien heureuse... Je vais voir danser ma marquise.

Elle sort.

SCENE VI.

CHARLES, *seul.*

Son langage simple... naturel... m'a ému. Moi exposer Eulalie... la compromettre... oh! jamais!..

SCENE VII.

CHARLES, EULALIE, *même costume que Célestine.*

EULALIE. Ah!.. on respire!.. il fait là-dedans une chaleur...

Charles l'aperçoit.

CHARLES. Ah! Célestine, tu peux approcher sans crainte... oui... tu as raison... j'ai réfléchi, et je veux donner à Eulalie la plus grande preuve d'amour qu'il soit en mon pouvoir de lui donner. Je te l'ai dit, cet amour est ma vie... mais jamais elle ne connaîtra la violence de cette passion. Je pars. Je rejoins mon régiment... il est destiné pour Alger... on s'y battra... eh bien! ne pouvant vivre à ses côtés, j'irai me faire tuer loin d'elle!.. (*Mouvement d'Eulalie.*) Eh! mon Dieu... un peu plus tôt... un peu plus tard... on n'y regarde pas quand on est malheureux!.. Je sens qu'il me serait impossible d'exister avec cette pensée qu'elle me hait... qu'elle me déteste... Ne vaut-il pas mieux que je me débarrasse tout de suite d'une vie qui ne peut jamais être heureuse?... du moins, quand je serai mort... elle me pleurera peut-être...

EULALIE. Charles!..

CHARLES, *troublé.* Dieu!

EULALIE, *ôtant son masque.* Vous ne partirez pas!..

CHARLES. Malheureux!.. c'est elle.

SCENE VIII.

LES MÊMES, CÉLESTINE, *accourant.*

CÉLESTINE, *à Eulalie.* Ton mari!.. (*Eulalie s'enfuit, et Célestine reste à sa place.*) Allons, Charles, du sang-froid... de la prudence; je crains bien que tu n'en aies déjà manqué.

SCENE IX.

LE BARON, CÉLESTINE, CHARLES.

LE BARON. Eh bien! madame, qu'a donc ma vue de si effrayant pour vous?... vous me fuyez avec une agilité...

CHARLES. Général, je crois que vous êtes dans l'erreur, et que madame n'est pas la personne qui a pu fuir devant vous.

LE BARON, *avec un peu d'humeur.* Votre présence auprès d'elle, monsieur, suffirait pour me prouver le contraire.

CHARLES, *souriant.* Ma présence serait un mauvais signe.

LE BARON. Du reste, monsieur, je suis fort aise de vous rencontrer ici pour vous remettre cet ordre de départ.

CHARLES. A moi!

LE BARON. Vous avez obtenu de la faveur du roi le grade de lieutenant dans le 6e régiment de dragons en garnison à Poitiers. Faites vos adieux à Madame, car vous devez vous mettre en route le plus tôt possible, et vous n'auriez pas le temps de la revoir avant votre départ. Maintenant veuillez, madame la baronne, accepter mon bras.

SCENE X.

LES MÊMES, DUBREUIL, LES MASQUES, LES INVITÉS.

DUBREUIL. Eh bien! qu'est-ce que tu fais là?.. tu fais ta cour aux belles, au lieu d'être auprès de ta femme qui vient de se trouver mal?

CÉLESTINE, *se démasquant.* Ma cousine se trouve mal!.. Ah! mon Dieu... où est-elle?..

LE BARON, *stupéfait.* Madame Bernard!..

Mme GRANGER, *accourant.* Mon gendre... venez donc... la baronne s'est évanouie... on la porte dans sa voiture à quatre chevaux.

DUBREUIL, *le poussant.* Va donc... va donc.

CHARLES, *sur le devant de la scène.* Et je partirais!

ACTE TROISIEME.

Le théâtre représente un petit salon de chez Bernard. Porte au fond, porte à droite; fenêtre au fond, à droite.

SCENE PREMIERE.

Mme LAROCHE, JULES.

Mme LAROCHE, *s'assied.* Comment! ils sont sortis tous les deux?

JULES. Oui, madame.

Mme LAROCHE. Et ils ne laissent personne en bas, à la boutique, pour répondre s'il venait quelqu'un?

JULES. Ne suis-je pas là? Ce n'est pas la première fois que je reste seul. Quand M. et Mme Bernard vont à la comédie, ou dîner en ville, ou passer la soirée quelque part, c'est toujours moi qui remplace le bourgeois. Jusqu'à présent personne ne s'en est plaint.

Mme LAROCHE. Et où sont-ils allés?

JULES. Madame ne sait donc pas que c'est aujourd'hui les élections de la garde nationale?

Mme LAROCHE. Et où veux-tu que je sache cela, mon garçon?

JULES. C'est dans le journal... On refait les officiers tous les trois ans : nous sommes en 1834... c'est l'époque; monsieur, qui est un homme qui fait son service avec une exactitude... comme qui dirait un employé... car les jours de garde, ce sont des jours de fête pour les employés, ça les dispense d'aller au bureau.

Mme LAROCHE. Mon pauvre Laroche!.. ça lui faisait tous les mois une petite distraction...

JULES. Monsieur est allé aux nominations.

Mme LAROCHE. Mais ma fille, j'espère, n'est pas avec son mari?

JULES. Madame a reçu avant-hier une lettre pour se rendre ce matin au Musée. C'est aujourd'hui la clôture du salon... Elle y a été avec sa tante et sa cousine....

Mme LAROCHE. Et comment ça va-t-il ici?.... fait-on toujours de bonnes affaires?...

JULES. Monsieur a deux apprentis de plus... on ne peut pas suffire!... C'est qu'il a un fier talent!... et puis ici on a l'habitude de ne refuser aucun ouvrage... on fait tout, et l'on soigne aussi bien le cuivre que l'or et l'argent : on tient à contenter tout le monde.

Mme LAROCHE. C'est le meilleur charlatanisme... Et sais-tu s'ils tarderont à rentrer?...

JULES. Quant à madame, je ne le crois pas... mais, quant à monsieur, cela se pourrait bien, il est d'une compagnie où tous les soldats veulent être officiers, cela fait des ballottages... des ballottages à n'en plus finir!.... cependant je crois avoir entendu dire qu'après les élections on boirait une bouteille de champagne en l'honneur du nouveau capitaine.

Mme LAROCHE. Tu ne sais pas si M. Bernard a reçu des nouvelles de son beau-frère... qui est à Poitiers?

JULES. Non, madame... Je sais bien qu'il y a environ trois semaines monsieur a écrit une lettre à M. Charles Laroche, lieutenant au 6e régiment de dragons en garnison à Poitiers... C'est moi qui l'ai portée à la poste... mais, depuis, le facteur n'a point apporté de lettres de ce pays-là.

Mme LAROCHE. Il tient rancune à mon gendre aussi... Allons, descends à la boutique, mon garçon, retourne à ta besogne. Je vais attendre ici... mon gendre ou ma fille.

JULES. Oui, car j'ai un cachet à finir... que monsieur votre neveu... le général... m'a demandé pour son retour. (*Il va pour sortir et revient sur ses pas.*) Dites-donc, il a attendu quatre ans pour faire changer ses armoiries!...

SCENE II.

Mme LAROCHE, *seule.*

Quatre ans pour faire changer ses armoiries!... le général y a mis de la réflexion et il a bien fait... quand on a changé deux ou trois fois, cela vous rend prudent pour la quatrième... Ce pauvre Charles... voilà bien long-temps qu'il n'a écrit à la famille... Il ne peut pas nous pardonner d'avoir pressé son départ et de l'avoir, en quelque sorte, fait partir malgré lui!... plus tard il nous en remerciera... Paris ne vaut rien pour un jeune homme qui a son chemin à faire.

SCENE III.

Mme LAROCHE, DUBREUIL, M. GRANGER, BERNARD.

DUBREUIL. Eh bien! ma chère madame Laroche, nous vous ramenons un capitaine que nous venons de faire... Je dis nous... par extension... car je suis exempt par droit de naissance.

Mme LAROCHE. Ah! vous êtes capitaine!

BERNARD. Oui, ma mère.

GRANGER. Et moi, fourrier.

DUBREUIL. Dieu! comme ces nominations d'officiers de la garde nationale mettent en émoi toutes les ambitions du quartier!.. A l'approche des élections il y a une émulation de patriotisme... et de politesse...

Mme LAROCHE. Encore s'il y avait quelque chose au bout de tout cela!... mais de la dépense, de l'embarras, et voilà tout.

DUBREUIL. Qu'est-ce que vous dites là, madame Laroche? La garde nationale, c'est un marche-pied... l'épaulette, c'est un passe-partout, c'est une apostille puissante pour obtenir des commandes, des fournitures, des travaux... (*Avec dignité.*) Bernard et beaucoup d'autres comme lui ne voient dans cette distinction qu'une marque d'estime de leurs concitoyens... qu'une occasion d'être utiles et de servir leur pays. (*Gaîment.*) Mais de plus adroits, de plus fins qu'eux, s'en font un titre pour arriver aux places, aux honneurs, à la fortune... Cela s'est vu sous tous les régimes, cela se voit, et cela se verra probablement toujours... ce n'est pas dans la loi... mais c'est dans la nature des choses.

SCENE IV.

EULALIE, Mme GRANGER, Mme LAROCHE, DUBREUIL, CÉLESTINE, GRANGER, BERNARD.

Mme GRANGER, *avec emphase*. Monsieur Bernard... embrassez votre femme!

BERNARD. De tout mon cœur. (*Il l'embrasse.*) Puis-je savoir, maintenant?

Mme GRANGER. Nous avons la médaille d'or!

BERNARD. Comment?...

CÉLESTINE. Oui, mon ami, je suis du nombre des artistes auxquels le roi a cette année accordé des encouragemens, des récompenses.

DUBREUIL. Une médaille d'or!... c'est la croix d'honneur des femmes.

Mme LAROCHE. Qu'est-ce que ça peut valoir?

BERNARD. Ce que cela vaut?... l'honneur d'être placé au premier rang des artistes... cela fonde une réputation... et, puisque vous en venez toujours, ma mère, à la question d'argent... la médaille d'or, pour le talent, c'est un premier pas vers la fortune.

Mme LAROCHE. A la bonne heure, je vois que cela a son côté utile.

CÉLESTINE, *à son mari*. Je la pendrai au berceau de mon fils...

GRANGER. Y a-t-il long-temps que vous en avez eu des nouvelles?

CÉLESTINE. Huit jours. Il se portait comme un charme: sa nourrice est une des fermières du général, et à son retour de Saint-Quentin M. de Ronçay m'a promis de me donner lui-même des nouvelles de mon fils.

DUBREUIL, *à Eulalie*. Et vous l'attendez?...

EULALIE. J'ignore le jour de son arrivée..... sa dernière lettre ne m'en parle pas.

DUBREUIL, *à Célestine*. Et à quand donc le baptême? voilà deux mois que nous avons fait notre apparition dans le monde...

CÉLESTINE. C'est mon mari que cela regarde... il ne veut pas que je me mêle en rien de cette affaire... c'est lui qui a invité ma cousine... mais le reste m'est tout-à-fait inconnu, je ne sais pas même le nom du parrain.

BERNARD. Avant de vous le nommer, il est indispensable que je sache s'il accepte...

DUBREUIL. S'il connaît sa commère, son acceptation n'est pas douteuse.

BERNARD. J'attends sa réponse...

Mme GRANGER. Et l'on ne peut pas savoir... à l'avance?...

BERNARD. Non.

Mme LAROCHE. Il faut donner à ses enfans des parrains riches et bien lancés dans le monde... j'aime assez les vieux garçons qui ont de la fortune... Il est bien rare qu'ils ne laissent pas quelque chose à leurs filleuls.

GRANGER. Et ce vin de champagne qui nous a été solennellement annoncé, est-ce qu'il passera en conversation?...

BERNARD. Du tout, du tout... Madame Bernard, vous avez entendu?

CÉLESTINE. Eh bien! messieurs, passez dans le salon... (*A Mme Laroche*) Maman, voulez-vous dire à Geneviève qu'elle serve ces messieurs et me remplace pour un instant..... J'irai vous rejoindre tout-à-l'heure.

Ils sortent par la porte à droite.

SCENE V.

CÉLESTINE, EULALIE.

CÉLESTINE. Qu'as-tu? cousine?.. voyons, parle franchement.

EULALIE. Moi, rien.

CÉLESTINE. Si, tu as quelque chose... tu n'étais pas ainsi quand nous sommes parties: qu'as-tu vu au Louvre qui ait pu te contrarier, t'attrister?

EULALIE. Mais tu te trompes... je ne suis pas triste.

CÉLESTINE. Et tu pleurerais volontiers... si tu étais seule!... Tiens! c'est encore ce tableau de Françoise de Rimini, devant lequel tu t'es arrêtée malgré moi.

EULALIE. Cette figure du jeune Paolo a tant de ressemblance avec celle de ton frère!...

CÉLESTINE. Ce n'est pas étonnant... Je te l'ai déjà dit, le peintre est son ami, il a prié mon frère de poser avant son départ... et Charles y a consenti... (*Avec douceur.*) Tu m'avais pourtant promis de l'oublier... et tu cherches, au contraire, tout ce qui peut te le rappeler... Eulalie, ce n'est pas bien, ce n'est pas raisonnable.

EULALIE. Ah! sais-tu ce qui m'empêche de l'oublier? sais-tu ce qui me le rappelle à chaque instant?.. ce sont les mauvais procédés de M. de Ronçay... ses humeurs, ses injustices continuelles, ses jalousies ridicules... (*A elle-même, en soupirant.*) Ah! j'aurais pu être si heureuse!

CÉLESTINE. Mais tu peux l'être encore; et pour cela il ne faut qu'un peu d'effort sur toi-même, qu'une bonne résolution.

EULALIE. Mon Dieu!... qu'il est donc facile de conseiller les autres, quand soi-même on est heureux! mais, si ton amour-propre était sans cesse humilié, froissé? si tu étais à chaque instant blessée dans tes opinions, dans tes sentimens... si ta volonté n'était jamais comptée pour rien, si l'on te faisait un crime d'un regard innocent, d'une parole échappée sans intention?... va, c'est une existence bien triste!

CÉLESTINE. Ah! combien je regrette que mon frère soit venu assister à ton mariage!... heureusement, tu n'as rien à te reprocher.

EULALIE. Toutes mes actions te sont connues.

CÉLESTINE. Tu n'as pas eu l'imprudence d'écrire... de recevoir des lettres?

EULALIE. Une... une seule.

CÉLESTINE. Que tu as anéantie?

EULALIE. Que je sais par cœur!... et que je relis encore quand je suis bien malheureuse.

CÉLESTINE, *sévèrement*. Voilà qui est mal.

EULALIE. Ah! c'est la lettre d'un frère, d'un ami dévoué; Charles m'estime trop pour n'avoir pas respecté ma position, pour m'avoir écrit un seul mot dont ma délicatesse ait pu s'offenser!... (*Avec tristesse.*) C'est tout ce que je possède de lui.

CÉLESTINE. Il faut t'en séparer.

EULALIE. M'en séparer!

CÉLESTINE. Oui, il y a de l'imprudence à garder cette lettre, quelque innocente qu'elle soit!... tu peux l'égarer... la perdre... tu es étourdie... remets-la-moi, je la brûlerai en ta présence. Ah! je voudrais pouvoir aussi facilement arracher de ton cœur un souvenir qui peut être pour toi la source de bien des peines..... Ma bonne amie, il faut te faire une raison... Que de jeunes femmes, mariées comme toi, n'ont pas les mêmes compensations!..c'est quelque chose qu'une grande fortune; la richesse a aussi ses jouissances.

EULALIE. Que tu ne changerais pas contre les tiennes!

CÉLESTINE. Qui sait? Charles, plus sage que toi, n'a peut-être conservé qu'un faible souvenir du sentiment qui remplit toute ta vie. Les hommes ont des devoirs... ils se créent des distractions... ils nous oublient bien plus vite que nous ne les oublions... mon frère a trente ans, il peut trouver à se marier...

EULALIE. C'est juste!.. il est libre, lui!

SCENE VI.

EULALIE, JULES, CÉLESTINE.

Jules traverse le salon.

CÉLESTINE. Qu'est-ce?

JULES. Madame, c'est une lettre de Paris pour Monsieur.

CÉLESTINE. Il est au salon.

JULES. Je vais la lui remettre.

Il entre à droite.

SCENE VII.

EULALIE, CÉLESTINE.

CÉLESTINE. Et puis toutes ces idées-là te rendent injuste envers ton mari... elles aigrissent et dénaturent ton caractère... cela prend sur ta santé... tu n'es plus gaie... tu es moins aimable... Tiens, pendant que le roi distribuait les croix, les médailles... je te regardais... tu étais alors bien loin du tableau... les yeux de ma tante ne quittaient pas la distribution... et toi, tu paraissais n'y prendre aucune espèce d'intérêt... tu pensais à toute autre chose... je t'ai vue successivement rougir, pâlir, trembler...

EULALIE. Ah! ce que je venais d'entendre était affreux.

CÉLESTINE. Quoi donc?

EULALIE. Deux personnes qui s'étaient détachées du groupe qui suivait le roi causaient assez haut, assez près de moi, pour que je ne perdisse pas une seule de leurs paroles.

CÉLESTINE. Eh bien!

EULALIE. Ces messieurs s'entretenaient d'un malheur arrivé à Besançon... d'un mari qui, dans un transport de jalousie, avait tué sa femme.

CÉLESTINE. Est-ce bien vrai?

EULALIE. M. de Ronçay en serait capable.

CÉLESTINE. Ton mari!

SCENE VIII.

LES MÊMES, Mme GRANGER.

Mme GRANGER, *avec importance*. Je sais le nom du parrain!

EULALIE. Vraiment!

CÉLESTINE, *souriant*. Et serez-vous aussi discrète que Bernard?

Mme GRANGER. Cherchez... devinez... un parent!.. mon neveu.

CÉLESTINE. Mon frère!

EULALIE, *à part.* Charles!

Mme GRANGER. Il a accepté.

CÉLESTINE. Et comment savez-vous?

Mme GRANGER. Il est arrivé hier au soir à Paris, et sur-le-champ il a écrit par la petite poste à ton mari... Jules vient d'apporter la lettre.... Ainsi attendons-nous à le recevoir ce matin.

CÉLESTINE, *à elle-même.* Voilà la surprise que me ménageait ce pauvre Bernard... je ne peux pas lui en vouloir... il croyait bien faire.

EULALIE, *émue.* Je ne sais si c'est la séance du Louvre, mais je me sens un peu fatiguée... et je serais bien aise de rentrer chez moi.

Mme GRANGER. Sans voir ton compère?

EULALIE. Oui, une autre fois... nous avons le temps.

CÉLESTINE, *bas à Eulalie.* Bien!

Mme GRANGER. Alors je vais prévenir M. Granger; nous profiterons de ta voiture... tu nous jetteras à notre porte.

Elle rentre au salon.

SCENE IX.

EULALIE, CÉLESTINE.

CÉLESTINE. Eulalie, promets-moi de l'éviter?

EULALIE. Oh! oui, je te le promets.... Dieu ne m'a pas donné assez de forces, assez de courage pour soutenir une lutte aussi violente... J'y laisserais ma vie.

On entend un bruit de tambour.

CÉLESTINE. Ah! mon Dieu! qu'est-ce que c'est que cela?

Tout le monde, attiré par le bruit, arrive et vient se grouper aux fenêtres.

SCENE X.

EULALIE, CÉLESTINE, GRANGER, Mme GRANGER, BERNARD, DUBREUIL, JULES.

CÉLESTINE. A qui s'adresse donc cette aubade?

BERNARD. A ton mari... à moi.

CÉLESTINE. A toi!

UNE GROSSE VOIX, *dehors.* C'est pour saluer M. Bernard, capitaine de la troisième compagnie du premier bataillon de la seconde légion.

BERNARD. Il faut délier les cordons de la bourse.

DUBREUIL. Inconvéniens des grandeurs, supplément de contributions indirectes.

GRANGER. Heureusement les fourriers ne sont pas de cette catégorie.

BERNARD, *à Jules, en lui donnant de l'argent.* Dis à MM. les tambours que je suis très-sensible à la délicatesse de leurs batteries, mais que je les prie de cesser.... pour aller boire à ma santé.

JULES. Oui, monsieur. (*Il fait quelques pas et revient.*) J'aperçois au bas de l'escalier M. Charles Laroche qui monte.

Il sort en courant. Bernard témoigne sa joie par gestes.

EULALIE. Charles!.... Ma mère... partons... partons.

Charles entre.

Mme LAROCHE. Mon fils!

Charles est dans les bras de sa mère, regardant Eulalie, qui s'est arrêtée. Les tambours redoublent avec plus de force.

VOIX *en dehors.* Vive le capitaine Bernard!

Deuxième Tableau.

Une espèce de boudoir attenant à la chambre à coucher de la baronne, dont la porte est à gauche. Porte au milieu. Porte cachée dans la boiserie à droite. Une table, une bougie allumée. Fenêtre à gauche.

SCENE PREMIERE.

Mme GRANGER, EULALIE.

Eulalie est occupée à cacheter une lettre.

Mme GRANGER. En vérité, Eulalie, cela a tout l'air d'un caprice.

EULALIE. Caprice ou non, maman, j'y suis bien résolue.

Elle souffle sa bougie.

Mme GRANGER. Où veux-tu que Mme Bernard trouve une marraine maintenant?

EULALIE. La marraine qui me remplacera est toute trouvée, ce sera vous, maman.

Mme GRANGER. Moi!

EULALIE. Je vous propose à Célestine, et je lui annonce d'avance que vous acceptez. Vous ne voudriez pas faire mentir votre fille?

Mme GRANGER. Mais enfin, quel motif as-tu?

EULALIE. Permettez-moi de vous le taire.

Mme GRANGER. Ta cousine sera blessée de ce refus.

EULALIE. Je suis sûre, au contraire, de l'approbation de ma cousine. Plus tard, je vous dirai tout; vous connaîtrez les causes qui me font agir en ce moment. Rien ne sera changé au jour et à l'ordre de la cérémonie... Il n'y aura qu'une personne de moins à la fête.

Mme GRANGER. Allons, tu le veux, je porterai ta lettre à Célestine. Mais je te préviens que, si elle fait la moindre difficulté, je ne m'en mêle plus.

SCENE II.

Les Mêmes, ÉTIENNE.

EULALIE. Ah! c'est vous, Étienne? vous êtes revenu de Saint-Quentin?

ÉTIENNE. Oui, madame la baronne. M. le général vous fait dire qu'il sera ici demain au soir.

EULALIE. Demain soir?

ÉTIENNE. Oui, madame la baronne.

Mme GRANGER. Et comment se porte-t-il, ce cher général?

ÉTIENNE. Comme à l'ordinaire, madame, assez bien... se plaignant toujours... disant le matin d'une façon et le soir d'une autre, et faisant souvent tout le contraire de ce qu'il avait annoncé.

Mme GRANGER. Nous viendrons dîner avec vous après-demain.

ÉTIENNE. Le cousin de Mme la baronne est dans le salon.

EULALIE, *étonnée, à part.* Charles!

ÉTIENNE. Il est porteur d'une lettre pour M. le général, de la part du commandant de la douzième division militaire.

EULALIE, *vivement.* Vous lui avez dit que M. de Ronçay n'y était pas?

Mme GRANGER. Eh! qu'importe... c'est un parent. Qu'il entre, qu'il entre! je suis enchantée qu'il ait eu l'idée de venir.

EULALIE. Ma mère!

SCENE III.

EULALIE, Mme GRANGER, CHARLES.

Charles entre et salue.

Mme GRANGER. Vous arrivez fort à propos, mon neveu, pour faire entendre raison à votre cousine.

CHARLES. Quoi, ma tante!

Mme GRANGER. Je ne sais quelle idée lui a passé par la tête..... elle veut renoncer à nommer l'enfant de Mme Bernard...

CHARLES. Que dites-vous donc, ma tante?.. mais je n'ai consenti à accepter l'honneur qu'on a bien voulu me proposer que parce que Bernard m'a annoncé que je le partagerais avec ma cousine... sans cela j'aurais remercié mon beau-frère.

Mme GRANGER. Bien! bien... grondez-la; ces jeunes femmes... ça n'a pas plus de tête... Maintenant que vous voilà tous les deux en présence, j'espère que vous la ferez changer d'avis... et je pense que je ferai bien de laisser là ta lettre.

EULALIE. Maman, si vous n'avez pas la bonté de vous en charger... je l'enverrai sur-le-champ à son adresse.

Mme GRANGER. Allons, puisque c'est invariablement arrêté, j'irai moi-même...... Mon neveu, consolez-vous... la mère remplacera la fille.

Elle sort.

SCENE IV.

EULALIE, CHARLES.

EULALIE. J'espère que vous ne m'en voulez pas?

CHARLES. Mon Dieu, madame, je devais m'attendre à une semblable résolution d'après le silence qui a suivi l'envoi de ma lettre.

EULALIE. Je n'aurais pas pensé que vous espériez une réponse.

CHARLES. Au surplus, je n'ai accepté que sous condition; j'imiterai votre exemple, je refuserai.

EULALIE. Non, Charles.

CHARLES. Pourquoi?

EULALIE. Ce que j'ai fait..... j'ai dû le faire... Dans la situation où le sort nous a placés.... notre repos exige que nous évitions toutes les occasions de nous voir, de nous rapprocher.

CHARLES. Ainsi l'intérêt que vous m'avez montré autrefois s'est évanoui avec la circonstance qui l'avait fait naître... ainsi un an d'absence a suffi pour me chasser de votre cœur.

EULALIE. Charles... est-ce bien à moi que s'adressent des paroles aussi dures?... qui vous autorise à penser que je n'ai pas conservé pour vous toute l'amitié d'une parente?.... Prenez-y garde... ce reproche pourrait retomber sur vous.. Ce que nous aimons ordinairement à trouver dans les autres, ce sont nos qualités, nos défauts, nos sentimens... et accuser quelqu'un d'oubli, c'est donner à penser qu'on peut soi-même en être coupable.

CHARLES. Ah! je prends le ciel à témoin que depuis notre séparation il ne s'est pas écoulé un jour... une heure... sans que vous fussiez constamment présente à ma pensée... Vous oublier! moi!

EULALIE. Charles, il le faut.

CHARLES. C'est impossible.

EULALIE. Vous le croyez en ce moment.

CHARLES. Pourquoi mon malheur a-t-il voulu que je ne revinsse à Paris qu'à l'instant où, victime obéissante, vous placiez votre main dans celle d'un homme que je hais, que je déteste?...

EULALIE. Mon ami, nous sommes chez lui.

CHARLES. Dont le nom seul me met dans une fureur!...

EULALIE. Ce nom-là n'est-il pas le mien?

CHARLES. Et ce que j'aime en vous, ce ne sont pas tant ces attraits, ces grâces dont la nature a été si prodigue envers vous... Eulalie... ce que j'aime... c'est votre caractère franc et loyal... c'est votre ame si noble... si belle!... votre angélique beauté... La première fois que je vous vis après votre mariage... vous le rappelez-vous?.... c'était, il y a deux ans, dans une chambre triste, obscure... j'allais consoler ma mère; vous, vous pansiez un pauvre blessé; vous ne vous étiez pas informée du parti qu'il avaitservi, de la cause qu'il avait défendue, pour voler à son secours... il souffrait... et vous n'aviez consulté que votre cœur.

EULALIE. Charles, cessons de reporter nos souvenirs vers un passé qui ne nous appartient plus... oublions tous les deux un sentiment qui s'est glissé dans nos cœurs à notre insu.. que désormais notre amitié soit pure!

CHARLES, *avec feu.* De l'amitié, à moi, Eulalie!... à moi, dont vous êtes l'unique pensée, l'unique espoir!...

EULALIE, *vivement.* Malheureux! qu'osez-vous dire?

CHARLES, *avec énergie.* Dieu ne voudra pas que votre malheur soit éternel.

EULALIE, *avec dignité.* Dieu n'exaucera pas une coupable espérance, et la victime succombera avant son persécuteur.

CHARLES. Non, Eulalie, vous résisterez en pensant qu'il est sur la terre un homme auquel votre existence est attachée..... un homme qui vous aime... que vous aimez.

EULALIE, *vivement.* Oh! Charles, taisez-vous..... je ne suis déjà que trop coupable en vous écoutant.

CHARLES, *avec délire.* Oserais-tu dire que tu ne m'aimes pas?

EULALIE. Par pitié!...

CHARLES. Oserais-tu dire que, si tu étais libre?...

EULALIE. Ah! si j'étais libre!....

CHARLES. Eh bien!... tu le seras un jour!

EULALIE De grâce...

CHARLES. Et fût-ce dans dix ans, dans vingt ans, je viendrai réclamer à tes genoux ce bonheur si impatiemment attendu.

EULALIE. Oh!... ne parlez pas ainsi, Charles... cet amour... le temps l'affaiblira... l'absence l'éteindra.

CHARLES. Il n'y a pas d'absence pour l'amour véritable.

EULALIE. Vous aussi.... vous...... vous vous marierez...

CHARLES. Jamais, jamais! je le signerais de mon sang. Je prends l'engagement de t'aimer, de n'aimer que toi, de vivre pour toi, de n'avoir d'autre épouse que toi...

Il se jette à genoux.

EULALIE. Charles, que faites-vous?

CHARLES. Et que la colère du ciel me foudroie... que sa puissance sème le malheur sur toute ma vie, si cet engagement cessait un instant d'être présent à ma mémoire!

On entend dans l'éloignement le baron appelant Étienne.

EULALIE. Mon mari... je suis perdue.

CHARLES. Perdue!...

EULALIE. S'il vous trouve ici, c'est fait de moi.

CHARLES. Comment?...

EULALIE. Il me tuerait...

CHARLES. Je reste pour vous défendre.

EULALIE. Non... non... fuyez... fuyez...

CHARLES. Fuir!...

EULALIE. Ah! par grâce... ayez pitié de ma réputation, fuyez! fuyez!

CHARLES. Je sacrifie mon honneur au tien...

Il va pour entrer dans la chambre à coucher.

EULALIE. Non!...

Charles va pour sortir par le milieu.

LE GÉNÉRAL, *plus rapproché, dans la coulisse.* Où est ma femme?

EULALIE. Ciel!... (*Indiquant la porte à droite.*) Là!... là! (*Charles s'y jette, Eulalie ferme et prend la clef.*) Mon Dieu! ayez pitié de moi!

SCENE V.

LE BARON, EULALIE.

LE BARON. Eh bien! madame, me voici: vous ne vous attendiez pas si tôt au plaisir de me revoir.

EULALIE, *avec douceur.* Vous m'avez accoutumée à ces surprises-là, monsieur...

LE BARON. Oui, j'aime assez à surprendre mon monde: ce n'est pas toujours une chose fort agréable... mon arrivée dérange, sans doute, quelques projets... quelques parties de plaisir... car vous avez dû beaucoup vous amuser en mon absence.

EULALIE. Mon Dieu! monsieur, je suis allée plusieurs fois voir ma cousine et passer la journée chez elle; j'ai été avec maman au salon, et avant-hier nous sommes allés en famille au Gymnase.

LE BARON. Et il ne vous serait pas venu dans l'idée de venir voir votre mari à Saint-Quentin.

EULALIE. Si vous m'en aviez témoigné le désir?

LE BARON. Quand on aime son mari... ce désir-là vient de lui-même.

EULALIE. Je vous ai proposé de partir avec vous, vous m'avez refusée...

LE BARON. Une fois... vous n'avez pas insisté...

EULALIE. J'ai craint de vous contrarier.

LE BARON. S'il s'était agi d'un bal, d'une fête... vous ne vous en seriez pas tenue à un premier refus... vous seriez revenue dix fois à la charge.

EULALIE. Oui... je l'avoue... cela m'est arrivé, et souvent je n'ai pas été plus heureuse à la dixième fois qu'à la première.

LE BARON. Mais les devoirs d'épouse vous pèsent... votre mari vous ennuie... N'est-ce pas que je vous ennuie? et pourtant vous aviez un prétexte tout naturel pour faire ce voyage, si vous l'aviez voulu. C'est ma fermière qui nourrit l'enfant de votre cousine... et en qualité de sa marraine vous auriez pu désirer de le voir.

EULALIE. Nous avons réfléchi que cela ferait plus de plaisir à maman... et c'est elle qui doit remplir les fonctions que j'avais d'abord acceptées.

LE BARON. Je crois que cela vaudra mieux pour tout le monde... car je n'ai pas dans l'idée que vous aimiez beaucoup les enfans... je vous ai souvent vue, quand nous en rencontrions, et de fort jolis, détourner la vue... comme si vous éprouviez à les regarder un sentiment pénible.

EULALIE. Oui... c'est vrai... vous avez raison.

LE BARON. Quand on n'aime que son plaisir, quand on est une épouse... indifférente, il est à présumer qu'on eût été une mauvaise mère...

EULALIE. Une mauvaise mère! moi!... Ah! si Dieu m'avait faite mère, que mon existence aurait été différente!.. mère!... au moins, j'aurais eu quelqu'un à aimer!.. en l'absence de tout autre sentiment, l'amour maternel aurait occupé mon cœur, rempli toute ma vie!.. Un enfant! oh! comme je l'aurais aimé, adoré!.. un fils, il eût fait mon orgueil et ma gloire... une fille, elle eût été mon bonheur ma consolation..... Avec quelle tendresse j'aurais veillé sur elle!... comme j'aurais épié ses progrès... dirigé son éducation.... formé son cœur, guidé ses sentimens!... ah! je ne l'aurais pas jetée, jeune et belle, dans les bras d'un vieillard.

LE BARON. Un vieillard, madame...

EULALIE. Je ne vous aime pas, dites-vous! et qu'avez-vous fait pour être aimé? Vous avez sevré ma jeunesse de tous les plaisirs qu'elle avait droit d'espérer... les bals, les spectacles, les concerts, les promenades, tout vous ennuie... le monde vous fait peur... le premier venu qui me regarde, qui me parle... est un séducteur dont je suis prête à accueillir les hommages... et, pour rassurer votre esprit inquiet et jaloux, il a fallu me résigner, moi, jeune et jolie, à vivre, en solitaire, en recluse... me sacrifier à vos humeurs, à vos caprices.

LE BARON. Et la fortune dont j'ai payé votre main!

EULALIE. Ah! nous y voilà!.. je vous ai achetée, vous êtes à moi... en vertu de je ne sais quel article du Code... Eh! monsieur, j'avais dix-sept ans quand j'ai ratifié le marché passé par mon père et ma mère!.. sait-on ce qu'on fait à dix-sept ans? j'étais mineure, suivant vos lois, qui ne permettent pas à une jeune fille de disposer de sa fortune... et qui l'autorisent à disposer de toute son existence! mes parens m'ont-ils consultée quand ils m'ont vendue?.. vous connaissais-je? avais-je étudié votre caractère?.. Je ne vous aime pas!.. ah! j'aurais pu vous aimer!.. non d'amour, la différence de nos âges s'y oppose... mais de l'amitié la plus tendre, la plus sincère, si, plein d'indulgence pour les goûts de mon âge, qui ont aussi été les goûts de votre jeunesse, vous aviez eu pour moi la tendresse d'un père ou le dévouement d'un ami.

LE BARON. Et à vingt ans, madame, sait-on ce que l'on fait?

EULALIE. On sait du moins ce que l'on pense.

LE BARON. Et ce qu'on écrit?... Connaissez-vous cette écriture?

EULALIE. C'est la mienne...

LE BARON. Et ces petites feuilles détachées?

EULALIE. Quoi! monsieur vous avez été assez indiscret?...

LE BARON. Votre secrétaire. était ouvert;

EULALIE, *à part.* Imprudente!

Dubreuil entre; étonné, il s'arrête dans le fond.

LE BARON. Maintenant, madame, vous me direz à qui s'adressent ces pensées d'amour, ces souvenirs si profondément gravés dans votre cœur : *Son image me suit partout ; il n'est pas absent pour moi ; avec lui la vie eût été trop heureuse !* Ah ! nos liens vous fatiguent, vous voudriez les rompre... eh bien ! madame, ils seront brisés. La loi qui punit les femmes adultères, la loi qui prend en main la défense de l'époux outragé prononcera entre nous deux, et les preuves à la main.

SCENE VI.

LE BARON, DUBREUIL, EULALIE.

DUBREUIL, *s'avançant, les prend.* Des preuves!.. tu n'en as plus.

Il les déchire et les jette au feu.

LE BARON, *avec colère.* Dubreuil...

DUBREUIL, *l'arrêtant.* Ne te dérange pas.

EULALIE, *à part.* Ah !

LE BARON, *furieux.* De quel droit?..

DUBREUIL. Ne t'ai-je pas dit... je serai toujours là pour la plaindre ou pour te consoler?

LE BARON. Va, va, ces preuves ne seront pas les seules... je découvrirai l'objet des pensées de madame!..

DUBREUIL. Est-ce que les femmes n'ont pas toujours un être de fantaisie qu'elles se créent en opposition avec leurs maris, qu'elles parent de toutes les qualités qui manquent à leurs époux?... elles occupent leurs momens de loisir en écrivant à cet être... qui n'existe pas... en pensant à cet être... qu'elles ne verront jamais.

LE BARON. Dubreuil... je t'engage pour l'avenir à ne plus t'immiscer dans nos querelles.

DUBREUIL. Je ne t'écoute pas.

*LE BARON. Et vous, madame, le temps de l'indulgence est passé... ce n'est plus un époux qui vous parle... c'est un maître, dont les ordres sévères seront désormais fidèlement exécutés. Je ne vous quitte plus.

DUBREUIL. Et tu crois que c'est là le moyen de te faire aimer?... Parce qu'il a plu à ta femme de jeter quelques pensées isolées sur le papier, quelques phrases peut-être empruntées aux romans dont elle faisait sa lecture... te voilà résolu à te faire son geôlier... Mais réfléchis donc... quel sujet t'a-t-elle donné de te plaindre? Je l'ai toujours vue soumise à tes moindres volontés... abandonnant le monde pour te tenir compagnie... depuis deux ans elle s'est fait estimer, respecter de tous ceux qui la connaissent; sa froideur pleine de dignité a éloigné d'elle tous nos jeunes galans...

LE BARON. J'en serai encore plus sûr quand je l'aurai sans cesse à mes côtés.

DUBREUIL. Prends garde... un mari qui serait adoré de sa femme... finirait par s'en faire détester s'il agissait ainsi...

LE BARON. Pour commencer, vous allez quitter Paris.

EULALIE. Quitter Paris!

LE BARON. Sur-le-champ.

EULALIE, *à part.* Grand Dieu !

LE BARON. Je vous emmène à mon château.

EULALIE. Encore... me laisserez-vous bien le temps de faire ma toilette de voyage.

LE BARON. Vous êtes fort bien comme cela.

EULALIE. De prendre du linge.

LE BARON. La femme de chambre vous en apportera.

Il reprend sa place.

EULALIE, *indignée.* Mais c'est une tyrannie !

DUBREUIL, *bas.* Cédez !...

LE BARON. Toute résistance serait inutile.

EULALIE, *dans le plus grand trouble.* Vous voyez, monsieur Dubreuil, comme on me traite... voilà les bienfaits d'un mariage disproportionné...

LE BARON. Oh ! vous n'êtes pas au bout. (*L'inquiétude d'Eulalie est au comble. Elle saisit la main de Dubreuil, et lui remet la clef sans rien dire. Le baron, près de la porte.*) Eh bien ! madame?

EULALIE. Me voici, monsieur.

Ils sortent.

SCENE VII.

DUBREUIL.

Il reste un instant embarrassé, regardant machinalement la clef.

Que les vieillards amoureux sont donc ridicules!.. morbleu! ils méritent bien... ce qui leur arrive quelquefois... (*A lui-même.*) Mais qu'est-ce que cette clef... que la baronne m'a remise en cachette?.. (*Souriant.*) Si une jolie femme m'avait fait un pareil cadeau, il y a trente ans, j'aurais deviné ce que cela voulait dire.... (*inquiet*) mais, je l'avoue, je n'y comprends rien... je ne doute pas de la destination de celle-ci... Qu'en faut-il faire?.... dois-je la garder?.. la remettre... à sa femme de chambre peut-être?

* Dubreuil, le baron, Eulalie.

SCENE VIII.

DUBREUIL, Mme LAROCHE.

Mme LAROCHE. Eh bien! où est-il donc?

DUBREUIL. Qui ça?

Mme LAROCHE. Il me dit qu'il ne sera qu'un instant, et il ne reparaît plus.

DUBREUIL. Mais qui?

Mme LAROCHE. Je suis là à l'attendre en bas, chez le marchand de nouveautés en face, et je suis bien sûre qu'il n'est pas descendu... car mes yeux n'ont pas quitté d'un instant la porte cochère de l'hôtel.

DUBREUIL. Mais enfin, madame Laroche, que cherchez-vous?

Mme LAROCHE. Qui? Charles!.... mon fils.

DUBREUIL, *étonné*. Charles!

Mme LAROCHE. Sans doute... Maman, m'a-t-il dit, faites vos emplettes... et je vous rejoins dans dix minutes! J'aurais eu le temps d'acheter tout le magasin, et en marchandant encore.

DUBREUIL, *inquiet*. Vous êtes bien sûre qu'il n'est pas sorti?...

Mme LAROCHE. Le concierge lui-même m'a positivement affirmé qu'il ne l'avait pas vu... et un gaillard de cette taille-là, cela se voit : ça ne peut pas se cacher facilement...

DUBREUIL, *éclairé par ce mot*. Se cacher... et cette clef...

Mme LAROCHE. Eh! mais il me semble que j'entends dans la cour.... oui, M. le baron et sa femme qui montent dans leur calèche de voyage.

Pendant le temps que madame Laroche est à la fenêtre, Dubreuil parcourt des yeux l'appartement, regardant les serrures et sa clef. Il aperçoit la porte à droite.

DUBREUIL. C'est là!

Mme LAROCHE. Comment ne les ai-je pas rencontrés?.. ah! ils auront pris le petit escalier.

DUBREUIL, *ouvrant et voyant Charles*. Malheureux!

Il tient toujours la clef dans la porte.

Mme LAROCHE, *ouvrant la fenêtre*. Eh! mais c'est leur calèche de voyage!... Adieu, mon général; adieu, baronne.... (*Elle se retourne, Dubreuil aussi.*) Sont-ils heureux!

DUBREUIL, *riant*. Très-heureux.

Mme Laroche retourne à la fenêtre.

DUBREUIL, *à Charles*. Silence!.. votre mère est là!

Mme LAROCHE, *à la fenêtre*. Hein!.. vous dites?... Oui, oui, ma nièce... certainement j'irai vous voir à Saint-Quentin.

La voiture part et s'éloigne.

DUBREUIL, *à Charles*. Partez vite!

CHARLES. Jamais je n'oublierai...

DUBREUIL, *le poussant dehors*. Partez... vous me remercierez plus tard.

Mme LAROCHE, *se retirant de la fenêtre, à Dubreuil*. Partis!

DUBREUIL, *se mettant face à face avec Mme Laroche*. Partis!

La toile tombe.

ACTE QUATRIEME.

Le théâtre représente une salle donnant sur un jardin. Deux portes latérales; d'autres dans le fond.

SCENE PREMIERE.

ÉTIENNE, LE BARON, DUBREUIL.

DUBREUIL, *allant et venant*. Allons donc, Ronçay... tu as tort, cent fois tort... tu ne te conduis pas en homme raisonnable.

LE BARON. Je suis libre de me conduire avec ma femme comme bon me semble.

DUBREUIL. Non.

LE BARON. Cela ne regarde personne.

DUBREUIL. Si... sa famille d'abord, qui ne te l'a pas donnée pour la rendre malheureuse... tes amis ensuite, qui voudraient t'épargner un ridicule.

LE BARON. Et si j'aime mieux être ridicule qu'être... trompé!

DUBREUIL. En mariage, on cumule!

LE BARON, *à Etienne*. Après, continuez.

ÉTIENNE. Alors, quand j'ai eu dit à madame que vous aviez défendu de mettre les chevaux à la voiture... et que vous aviez ordonné au concierge de ne laisser entrer ni sortir qui que ce soit... elle est remontée dans sa chambre en pleurant.

DUBREUIL. Je crois parbleu bien.

ÉTIENNE. Une fois là... elle a prononcé plusieurs mots que nous n'avons pas entendus... puis elle s'est mise dans une colère... Elle a dit qu'il était impossible de vivre plus long-temps sous une pareille tyrannie... que la maison était un enfer!.. qu'il fallait qu'il y en eût un des deux de mort pour que l'autre fût heureux.

LE BARON, *étonné*. Elle a dit?...

DUBREUIL, *à part*. Il faut qu'elle soit bien à plaindre pour exprimer un pareil souhait...

ÉTIENNE. Félicité prétend que sa maîtresse ne s'est pas couchée, et qu'elle a passé une grande partie de la nuit à écrire; ce matin madame lui a remis une lettre... que voici.

LE BARON. Bon; servez-moi avec le même dévouement, et la récompense ne se fera jamais attendre. Que l'exemple de Julien soit une leçon pour vous. C'était un bon serviteur; mais il a voulu raisonner... prendre le parti de madame... et je l'ai chassé. (*Dubreuil hausse les épaules.*) Allez... (*Dès que le domestique est parti, il lit l'adresse.*) A madame, madame Bernard.

Il se met en devoir de décacheter la lettre.

DUBREUIL. Ronçay, que fais-tu là ?

LE BARON, *brisant le cachet.* Tu le vois !...

DUBREUIL. Violer le secret d'une lettre!

LE BARON. Une femme ne doit pas avoir de secret pour son mari.

DUBREUIL. Voilà le cabinet noir qui fait son tour de France.

LE BARON, *parcourant des yeux.* Comment donc!... on envie le bonheur de sa cousine, l'heureuse liberté que lui procure la confiance d'un mari qui l'aime... on se plaint de son isolement, de la privation de toute espèce de société... on n'en avait jamais tant écrit.

Il met la lettre dans sa poche.

DUBREUIL. Tu ne vas chez personne?

LE BARON. Non; et j'ai fermé ma porte à tout le monde sans exception.

DUBREUIL. Voilà une petite femme qui mène une vie bien agréable !

LE BARON. Et la mienne?

DUBREUIL. Ta jeunesse, à toi, s'est écoulée au milieu des plaisirs de toute espèce; ta jeunesse a été joyeuse et dissipée : à vingt-cinq ans tu faisais une guerre active aux beautés d'Allemagne et d'Italie... tu te moquais des maris et du mariage... et maintenant le vieillard voudrait que l'on respectât les choses dont le jeune homme s'est moqué... il craint les représailles... il est jaloux, inquiet!...

LE BARON. Oui; mais ce qui le console, c'est qu'il ne souffre pas seul...

DUBREUIL. Beau motif de consolation!

LE BARON. Et qu'il ne souffrira pas long-temps.

DUBREUIL. Tant mieux, si cela doit abréger la souffrance des autres.

LE BARON. J'ai vendu tout ce que je possédais en France... il ne me reste plus que cette manufacture, pour laquelle je suis en marché avec la maison Scaff de Mulhouse.

DUBREUIL, *lisant.* « Monsieur, en ré-
» ponse à la vôtre du 5 courant, laquelle
» nous donne avis que votre intention est
» de trouver acquéreur pour votre fabri-
» que de Saint-Quentin, nous avons l'hon-
» neur de vous informer que nous vous ex-
» pédions un de nos associés, à l'effet de
» prendre connaissance de l'immeuble et
» de son matériel; il a nos pouvoirs pour
» traiter avec vous du prix et des condi-
» tions, etc., etc. »

Il lui rend la lettre.

LE BARON. L'associé de M. Scaff est en retard, mais dès qu'il arrivera le marché sera bientôt conclu, car je serai très-accommodant... je place mon argent en viager.

DUBREUIL. Dépouiller ta femme!

LE BARON. Ma fortune m'appartient... tant pis pour ceux qui auront spéculé sur elle! Je pars... j'emmène madame... où?.. personne ne le saura... et, une fois que je serai en pays étranger... j'agirai à ma fantaisie; comme elle se conduira... je me conduirai... personne, au moins, ne viendra se placer entre elle et moi.

DUBREUIL. Mais il y a de la folie, de la méchanceté dans ce projet-là.

SCENE II.

LE BARON, DUBREUIL, EULALIE.

EULALIE. Ah! j'étais bien sûre de vous avoir vu traverser le jardin, mon cher monsieur Dubreuil... mes yeux et mon cœur vous avaient reconnu... N'est-ce pas, monsieur, que je suis bien hardie d'avoir quitté sans votre permission la belle prison dans laquelle vous m'avez reléguée pour venir saluer un ancien ami de ma famille?

LE BARON. Du moins celui-là est aussi le mien.

EULALIE. Vous avez quitté Paris ?

DUBREUIL. Je suis à Saint-Quentin depuis trois semaines.

EULALIE. Comment? vous restez trois semaines à Saint-Quentin sans venir nous voir?... il n'y a pas pour un quart d'heure de chemin hors la ville... il y a si longtemps que nous ne nous sommes vus!... Vous me regardez... vous me trouvez bien changée...bien vieillie ?

LE BARON. N'allez-vous pas lui faire accroire que vous êtes malade ?...

EULALIE. Beaucoup plus que vous ne pensez... pas autant que je le voudrais.

DUBREUIL. Allons, il ne faut pas prendre les choses trop à cœur... la vie est un mélange de bien et de mal... et il n'y a pas de ménage qui n'ait ses mauvais jours.

EULALIE. Et ses mauvaises années !

DUBREUIL. Ah ! par exemple, c'est trop long.

EULALIE. Eh bien ! je ne crains pas de le dire devant monsieur, mon existence est un supplice de tous les instans... je suis en butte à une inquisition continuelle... à une horrible tyrannie qui s'étent à tout ce qui m'entoure; mes domestiques sont autant d'espions, et pour gagner l'argent que monsieur leur promet... ils inventent, ils calomnient.. S'il prend envie à monsieur de sortir, il m'enferme, ou, si je l'accompagne, ce qui est fort rare, il ne m'est pas permis de lever les yeux... le moindre mouvement de ma part m'expose aux injures les plus grossières.

DUBREUIL. Quand j'avais ma pauvre défunte sous le bras, ses yeux allaient où ils voulaient... aussi que de fois elle m'a dit : Mon ami, tu n'es pas si beau que ce monsieur-là... mais sous cette enveloppe brillante, il n'y a peut-être pas un cœur comme le tien.

LE BARON. Tant que madame n'aura pas daigné me nommer la personne qui lui inspirait l'an dernier de si belles pensées... j'aurai peur de tout le monde.

EULALIE. Eh ! monsieur, depuis plus d'un an que nous avons quitté Paris, avez-vous eu l'ombre d'un reproche à me faire ? Vous ouvrez avant moi les lettres qui me sont adressées; celles que j'écris vous sont remises avant d'être portées à la poste; vous épiez mon réveil... mon sommeil quelquefois... et jamais un mot ne m'est échappé qui ait pu légitimer votre épouvantable conduite envers moi. Ah! pourquoi la loi ne permet-elle plus le divorce?

DUBREUIL. C'est la chambre des pairs qui ne l'a pas voulu.

LE BARON, *lui montrant la lettre qu'il déchire.* A propos de lettres, madame, en voici une que j'ai supprimée.

EULALIE. Vous le voyez!.. ma famille m'accuse peut-être d'indifférence, d'ingratitude, voilà plus de six mois que je n'ai pu écrire à ma mère; mon père a été un moment indisposé, on m'a refusé la permission de me rendre auprès de lui.

LE BARON. Eh bien ! oui, je vous l'ai refusée... je vous la refuserais encore...

EULALIE. Ma mère demandait à passer quelques jours avec moi... monsieur ne lui a pas même répondu.

LE BARON. Ne faut-il pas se gêner! prendre des précautions pour votre famille?.. elle me déplaît, votre famille !

EULALIE. Eh ! monsieur, que ne me laissiez-vous au milieu d'elle !..

LE BARON. Oui, vous seriez aujourd'hui comme votre cousine, la femme de quelque petit boutiquier...

DUBREUIL. Diable! tu es devenu bien fier !

LE BARON. Ou vous brilleriez dans quelque comptoir de la rue Saint-Honoré; voilà votre reconnaissance pour le rang où je vous ai élevée... J'ai jugé à propos de quitter Paris, de vous séparer de votre famille, dont le ton et les manières ne me conviennent en aucune façon. Je vous engage à l'oublier, à ne m'en jamais parler... car je suis bien décidé à me priver pour toujours du plaisir de la voir.

SCENE III.

LES MÊMES, ÉTIENNE.

ÉTIENNE. Général...

LE BARON. Qu'est-ce?

ÉTIENNE. La famille de Mme la baronne descend de voiture dans la cour d'entrée.

LE BARON. C'est bon.

Le laquais sort.

SCENE IV.

LES MÊMES, *hors* ÉTIENNE.

LE BARON. A merveille, madame... vos ruses l'ont emporté sur ma surveillance... vous vous êtes plaint à votre famille... Tu vois, Dubreuil... on a pu écrire à d'autres!

EULALIE, *avec une grande douceur.* Monsieur,... je vous le demande comme une grâce... faites un instant trève à votre humeur, à vos injures... soyez pour quelques jours honnête... poli avec moi... épargnons à mes parens le spectacle de nos débats.

LE BARON. Quoi ! madame... vos parens...

EULALIE. Ils ne savent rien, monsieur... ils me croient heureuse... ne les désabusez pas.

DUBREUIL. Ah! Ronçay, si tu t'y étais pris différemment, tu aurais fait tout ce que tu aurais voulu de ce cœur-là.

SCENE V.

LES MÊMES, Mme GRANGER, GRANGER, Mme LAROCHE, CÉLESTINE.

ÉTIENNE, *annonçant.* M. et Mme Granger, Mme Laroche, Mme Bernard.

GRANGER. Bonjour, mon gendre... j'espère que nous vous faisons une surprise agréable.

LE BARON, *contraint*. Très-agréable...

GRANGER. Je me suis dit : C'est la saison de la chasse et des vendanges, des fruits nouveaux et du gibier tendre ; la campagne est fort intéressante à cette époque ; et nous sommes montés en voiture pour venir vous voir.

LE BARON, *avec ironie*. Je vous en remercie.

Mme GRANGER. Savez-vous que nous étions inquiets?...pas de nouvelles, pas de lettres... et depuis long-temps... je n'ai pas pu y tenir davantage... je me suis dit : Il faut que j'aille embrasser ma baronne... et je crois que j'ai bien fait de prendre ce parti-là... car il me semble que la santé de mon Eulalie n'est pas ce qu'elle était à Paris... je te trouve pâle!

EULALIE. Moi!

CÉLESTINE. Oui... tu as l'air de souffrir. (*Bas.*) Tu as des chagrins.

EULALIE. Non... une indisposition légère... qui ne sera rien.

Mme LAROCHE. Quand on est riche, il fait bon être malade... on a des drogues et des médecins à choisir... vous me direz: Cela n'a qu'un temps... on finit par partir comme les autres... mais, quand on est riche, on a la consolation de laisser de quoi à ses héritiers pour essuyer les larmes qu'ils voudraient répandre... A propos de cela, ma nièce, voilà une de tes anciennes amies de pension... qui est bien heureuse.... Suzanne Jaulin... la fille du marchand drapier de la rue des Bourdonnais... qui venait d'épouser ce vieux conseiller à la cour royale.

EULALIE. Quel bonheur lui est-il donc arrivé, ma tante ?

Mme LAROCHE. Elle a perdu son mari au bout de six semaines.

LE BARON. Et vous appelez cela un bonheur!

Mme LAROCHE. Dam! la voilà riche à plus de trois cent mille francs.

GRANGER. Mon gendre, si j'en juge par l'extérieur, vous avez là une belle manufacture.

LE BARON. J'occupe quatre cents ouvriers.

GRANGER. Un bataillon!.. mais l'ouvrier est moins aisé à conduire que le soldat... l'ouvrier lit le Constitutionnel et le Courrier français... ça le rend plus difficile sur le prix de ses journées.

DUBREUIL. Mais je ne vois pas là M. Bernard...

LE BARON, *à part*. Il ne me manquait plus que celui-là.

CÉLESTINE. Mon mari... ce n'est pas sa faute; mais il n'a pas pu venir avec nous à cause de son tribunal.

LE BARON. Comment?..

CÉLESTINE. A la dernière assemblée des notables... il a été nommé juge au tribunal de commerce.

Mme LAROCHE. Où l'on juge tout ce qui n'est pas commerçant.

GRANGER. Moi!..il m'a toujours manqué quelques voix pour être nommé.

DUBREUIL. Il faut bien que Bernard expie sa position brillante, car il fait des affaires d'or.

CÉLESTINE. Nous ne nous plaignons pas, le commerce va assez bien... et, quant à mon mari, je le trouve encore plus doux, plus complaisant qu'avant mon mariage... depuis quatre ans bientôt que nous sommes en ménage, nous n'avons eu qu'une querelle... et encore à quelle occasion!.. En traversant le passage du Panorama... je m'étais arrêtée, machinalement, devant la boutique de Bazin le bijoutier... j'y suis restée une minute ou deux, les yeux fixés sur une paire de boucles d'oreilles en diamans, dont la forme me plaisait assez... En quittant la boutique, pas un mot de ma part qui ait pu faire soupçonner la plus légère envie... De la part de mon mari, pas la moindre question qui ait pu faire deviner son projet... et le lendemain, en me levant, j'ai trouvé sur ma toilette... les bijoux que j'avais admirés la veille!... j'étais d'une colère!.. ah! je l'ai grondé... et je l'ai embrassé!..

DUBREUIL. Excellente recette à l'usage des maris qui veulent se faire aimer de leurs femmes.

Mme LAROCHE. Oh! mon gendre ne tient pas à l'argent!.. ce n'est pas que je lui en fasse un reproche... il en fait souvent un usage si honorable.... il vient de prêter vingt mille francs à mon fils pour s'établir.

EULALIE, *à part*. Pour s'établir!..

LE BARON. Et que fait-il donc... monsieur votre fils?..

Mme LAROCHE. Il a quitté le service depuis un an... il est dans le commerce.... du côté de la Lorraine, de l'Alsace, de Bruxelles... le département n'y fait rien... il a de beaux appointemens!.. sept mille francs... un intérêt dans la maison... il finira par épouser la fille du patron.

EULALIE, *à part*. Epouser!

Mme GRANGER. Vous croyez qu'il épousera?..

Mme LAROCHE. C'est sûr! par malheur, elles sont deux... mais la maison est immensément riche.

EULALIE, *à Mme Laroche*. Ma tante, vous auriez peut-être envie de vous reposer?

Mme LAROCHE. Ne t'inquiète pas de moi, nous avons le temps.

LE BARON. Après quatorze heures de route, on a besoin de prendre quelque chose.

GRANGER. J'accepterai volontiers tout ce qu'on m'offrira.

CÉLESTINE. Et moi qui n'ai besoin de rien... je demanderai au général la permission de rester avec ma cousine; deux parentes, deux amies d'enfance, qui ont été séparées depuis plus d'un an... ont bien des choses à se dire... des confidences à se faire quand elles se retrouvent...

LE BARON. Comment donc!.. mais un désir de Mme la baronne est un ordre pour moi!

Mme GRANGER, *à sa fille*. Quand je te disais que tu serais heureuse avec cet homme-là!

GRANGER. Général, nous vous suivons : le commandement vous appartient.

DUBREUIL. Et moi, je vous tiendrai compagnie, en feuilletant mes journaux, sur lesquels je n'ai pas pu jeter les yeux depuis ce matin.

SCENE VI.

CÉLESTINE, EULALIE.

EULALIE. Ah! Célestine... dis-moi la vérité... il va se marier?

CÉLESTINE. Qui?

EULALIE. Ton frère?

CÉLESTINE. En voilà la première nouvelle.

EULALIE. Tu me trompes.

CÉLESTINE. Moi!

EULALIE. Tu le sais!.. tu crains de me le dire.

CÉLESTINE. Du tout.

EULALIE. Il se marie... lui!.. ah! c'est bien mal... après sa promesse...

CÉLESTINE. Mais il ne faut pas t'en rapporter à un mot échappé à ma mère.

EULALIE. Je l'avoue... si c'est une faute, si c'est un crime... je m'en accuse... Mais cette espérance d'avoir en lui un protecteur, un appui, me faisait supporter les dégoûts dont on abreuve ma vie... Au milieu des chagrins dont je suis accablée... je me disais : Il existe un être qui pense à moi, qui s'intéresse à moi.... un être qui m'aime... qui m'aimera toujours.

CÉLESTINE. Chère amie... si on t'entendait... songe donc que tu n'es pas libre, que tu te dois à ton mari.

EULALIE. Je lui dois ma haine!

CÉLESTINE. Ta haine!

EULALIE. Ah! nous ne pouvons plus nous comprendre!.. nos positions sont si différentes!...

CÉLESTINE. Tu m'étonnes..... jamais dans tes lettres tu n'as élevé la moindre plainte.

EULALIE. Si je t'avais dit la vérité dans mes lettres... elles ne te seraient pas parvenues.

CÉLESTINE. Vraiment?

EULALIE. On les décachette toutes... et l'on déchire celles où j'ai le malheur de me plaindre.... Oui!.. la souffrance m'est permise, la plainte m'est interdite.

CÉLESTINE. Pauvre esclave!

EULALIE. Ah! si Charles, si l'ami de mon enfance a pu oublier que mon existence était attachée à la sienne... s'il s'est choisi de nouveaux parens, une nouvelle famille... s'il a dédaigné l'amitié de la pauvre Eulalie..... plus de bonheur, plus d'avenir pour moi..... Ma résolution est prise, mon sort est fixé.

CÉLESTINE. Et ta famille, qui t'aime, et à laquelle tu ne songes pas!.. et le monde, qui garde ses jugemens les plus sévères pour nous autres femmes..... D'ailleurs, chère amie, je te le répète... je ne sais rien sur mon frère... sinon qu'il voyage pour les intérêts de sa maison de commerce... il n'est pas plus question...

SCENE VII.

LES MÊMES, LE BARON.

LE BARON. Pardon, mesdames, j'interromps un entretien qui ne peut manquer d'être fort intéressant; mais le plaisir de causer avec sa cousine fait oublier à madame la baronne les soins à prendre pour loger convenablement sa famille... les ordres à donner aux domestiques...

EULALIE, *bas au baron*. M'obéiront-ils?

LE BARON, *bas à Eulalie*. Ils sont prévenus.

CÉLESTINE. Je te suis... je t'aiderai.

LE BARON. Il est inutile de vous fatiguer.

CÉLESTINE. Eh! mon Dieu! si elle était à Paris, ne serait-elle pas la première à m'offrir ses services... pour moi, pour mon fils?... Viens, viens...

SCENE VIII.

LE BARON, *seul.*

Allez, allez ensemble.... je serai au milieu de vous, et toutes vos paroles me seront fidèlement rapportées!... Ah! si elles pouvaient laisser échapper ce nom qu'aucune trace... que rien au monde n'a pu me faire découvrir... soupçonner..... sa mort suffirait à peine pour expier les tourmens que j'endure depuis un an... ah! je le tuerais!.. Mais, si Dubreuil avait raison... si ces pensées n'étaient que des réminiscences sans objet.. si j'étais jaloux d'une ombre! Tous les noms dont j'ai pu me souvenir... j'ai trouvé le moyen de les placer dans la conversation, en examinant l'effet qu'ils produisaient sur ma femme quand je les prononçais... et jamais je n'ai pu surprendre le moindre indice en faveur de l'un ou de l'autre... C'est égal, il est impossible que ma femme n'aime pas quelqu'un; elle a un amant... ils ne se voient pas... ils ne s'écrivent pas..... mais ils attendent ma mort pour se rejoindre, pour s'unir!... ma mort!..... Ah! si je connaissais le misérable!

SCENE IX.

LE BARON, UN LAQUAIS, *puis* CHARLES.

ÉTIENNE. Général, c'est la carte d'un monsieur qui est là, dans l'antichambre.

LE BARON, *lisant.* Charles Laroche!.... par quel hasard?... Faites entrer. (*Le laquais sort.*) Voilà une visite bien singulière.

CHARLES. Pardon, monsieur de Ronçay: j'ai d'abord à vous offrir mes excuses relativement au retard que j'ai apporté à me présenter chez vous... il y a plusieurs jours que je devrais être à Saint-Quentin; mais les routes sont si mauvaises!....

LE BARON, *préoccupé d'une autre idée.* Vous êtes le cousin de ma femme?

CHARLES. Oui, monsieur, et l'un des associés de la maison Scaff et compagnie, de Mulhausen.

LE BARON. Associé de M. Scaff!

CHARLES. Il me semblait que vous en étiez informé par la lettre que vous avez reçue.

LE BARON. La voici. On m'annonce bien l'arrivée d'un associé, mais on ne me le nomme pas.

CHARLES. C'est qu'au moment où M. Scaff fermait sa lettre son choix était encore incertain.

LE BARON, *à part.* C'est singulier, ce nom-là ne m'était jamais venu dans l'idée.

CHARLES. Voici mes pouvoirs, ma procuration... l'adresse d'un notaire à Saint-Quentin... homme fort instruit et fort modeste; il a été député, et n'a jamais rien demandé pour sa famille.

LE BARON, *prenant l'adresse.* M. Drouin... un original..... mais du reste un parfait honnête homme.... c'est mon notaire..... pour acheter.

CHARLES. Si vous voulez me mettre à même de commencer notre opération, et de visiter la manufacture?

LE BARON, *avec un peu de soupçon.* Vous êtes bien pressé...

CHARLES. Je ne fais que seconder vos désirs..... votre dernière lettre était elle-même très-pressante. Vous parliez de l'intention de liquider votre fortune, afin de partir tout de suite pour l'étranger...

LE BARON. Et qui vous a si bien instruit?

CHARLES. Je suis chargé de la correspondance avec le nord et l'est de la France.

LE BARON. C'est encore un secret pour ma femme.

CHARLES. J'entends: c'est une surprise que vous lui ménagez?

LE BARON. Sa santé me donne des inquiétudes...

CHARLES. Et la Faculté vous a conseillé les voyages... l'Italie... c'est le pays des résurrections...

LE BARON, *à part.* Il ne demande pas même à la voir.... cette froideur-là n'est pas naturelle...

CHARLES. Cette pauvre cousine!...

LE BARON, *à part.* Ah! l'intérêt perce malgré lui...

CHARLES. La chaleur et les variétés du climat seront pour madame la baronne des remèdes souverains... A son âge, la vie a de profondes racines... votre tendresse, vos soins, doivent la lui rendre encore plus chère!...

LE BARON, *à part.* Il ne sait rien...

CHARLES. Mais, malgré le désir que j'ai de vous être agréable, il m'est impossible de prolonger mon séjour à Saint-Quentin... des intérêts graves, des expéditions lointaines, me rappellent à Mulhausen... nous pourrions dès à présent discuter les points principaux.

LE BARON. Non... j'ai dans mon cabinet le plan de la manufacture et des terrains, que j'ai fait établir par un arpenteur juré de la ville... plus une estimation approximative des bâtimens et des machines... je vais les chercher pour vous les remettre... vous les examinerez... ou vous les soumettrez..... de votre côté, à un architecte..... nous en avons ici presque autant que de maisons.

CHARLES. J'ai avec moi un jeune ingénieur des ponts-et-chaussées qui m'accompagnera dans la visite d'expertise que nous aurons à faire.

LE BARON. C'est encore mieux; restez, je reviens.

SCENE X.

CHARLES, *seul.*

Ah! qu'il m'a fallu d'empire sur moi-même pour ne pas me trahir!... cette voix, que je n'avais pas entendue depuis le jour où elle éclata si durement en accusations injustes contre cette pauvre Eulalie..... cette voix!... j'éprouvais à l'entendre de nouveau un supplice indéfinissable!... je retenais ma haine... je craignais à chaque instant qu'elle ne m'échappât, ou qu'il ne lût sur ma figure toute l'aversion qu'il m'inspire... Ah! s'il se doutait que cette mission ne m'était pas destinée! que j'ai profité de l'absence du nom sur la lettre d'avis pour prendre la place de celui qui en était chargé... s'il se doutait, le misérable, que ce pauvre Julien m'a révélé toute l'infamie de sa conduite.... que ce digne serviteur, si dévoué à ma pauvre cousine, m'a écrit que son maître avait le projet de s'expatrier, de ruiner sa femme, de l'abandonner dans quelque couvent d'Espagne ou d'Italie!... Non, il n'accomplira pas ce funeste projet..... je tenterai tout pour instruire Eulalie du péril qui la menace... et des dangers qu'elle court si elle consent à s'éloigner de sa famille!...

SCENE XI.

CHARLES, EULALIE.

EULALIE, *croyant parler à son mari.* Monsieur, tout est prêt... Ciel! Charles!

CHARLES. Eulalie!

EULALIE. Vous!... vous, ici!

CHARLES. Silence.

EULALIE. Par quel hasard?

CHARLES. J'y suis venu pour vous.

EULALIE. Ah! il m'aime encore!...

CHARLES. S'il fallait ma vie... pour vous épargner une peine, un chagrin..... je la donnerais de grand cœur.

EULALIE. Des peines... des chagrins... je ne m'en souviens plus...

CHARLES. J'attends ici M. de Ronçay... oh! rassurez-vous; j'ai dû me charger d'une mission auprès de lui... afin de parvenir jusqu'à vous, Eulalie; il faut que je vous parle sans que nous puissions être surpris ni entendus par personne...

EULALIE. Pourquoi?

CHARLES. J'ai d'horribles secrets à vous révéler.

EULALIE. A moi?

CHARLES. Votre fortune... votre liberté... votre vie peut-être menacées.

Ici l'on voit le baron épiant et écoutant.

EULALIE. Grand Dieu!.. mais d'où savez-vous?

CHARLES. Ne m'interrogez pas; M. de Ronçay peut revenir... une minute d'hésitation peut nous perdre...

EULALIE. Vous perdre!.. ah! dites, que faut-il faire?

CHARLES. M'indiquer un lieu... une heure...

EULALIE. Quand?

CHARLES. Ce soir, cette nuit...

EULALIE. Cette nuit...

CHARLES. Dans le jardin qui dépend de cette maison j'ai remarqué une brèche au mur, par laquelle il est facile de s'introduire...

Le baron fait du bruit.

CHARLES. Paix!.. on vient... c'est lui.

EULALIE, *à part.* Mon mari!

SCENE XII.

EULALIE, LE BARON, CHARLES.

LE BARON. Ah! madame, vous aviez sans doute été avertie de l'arrivée de M. votre parent, et vous le préveniez que par une coïncidence particulière toute votre famille....

EULALIE. Je venais, monsieur, vous rendre compte de la distribution des logemens que j'ai faite, lorsqu'en entrant ici... j'ai rencontré mon cousin... que je n'avais pas vu depuis bien long-temps... et j'allais me retirer quand vous êtes arrivé; car je pense que cette visite ne sera pas la seule que mon cousin voudra bien vous rendre.

CHARLES. J'espère, avec la permission de monsieur, avoir, avant mon départ, l'honneur de vous présenter mes hommages.

Eulalie salue et se retire.

SCENE XIII.

LE BARON, CHARLES.

LE BARON. Voilà, monsieur, les papiers dont je vous ai parlé; vous pouvez prendre le temps de les examiner à loisir...

CHARLES. Il faut que notre opération soit terminée sous deux jours.

LE BARON. Absolument ?

CHARLES. Je n'ai que quarante-huit heures à rester à Saint-Quentin.

LE BARON. Moi... j'ai dans l'idée que vous n'en partirez pas aussi promptement que vous le croyez.

CHARLES. Les instructions de ma maison sont positives...

LE BARON. Et les événemens sur lesquels on n'a pas compté et qui dérangent toutes les instructions du monde.

CHARLES. Je tiens beaucoup à ne pas prolonger mon séjour en ces lieux... j'espère avoir terminé plus tôt que je ne le croyais l'opération importante... qui, avec lav ôtre, m'appelait dans le pays... Au surplus, monsieur, je vais me mettre en mesure... j'aurai l'honneur de vous voir demain dans la matinée.

LE BARON. Dans la matinée soit.

Charles salue et se retire.

SCENE XIV.

LE BARON, *puis* UN LAQUAIS.

LE BARON. Ah! c'est lui! (*Il sonne, le laquais entre et apporte de la lumière.*) Faites venir Jacques le jardinier! (*Le laquais sort.*) Ah! le voilà celui dont l'image la suit partout... voilà l'infâme qui m'a volé mon bonheur... le misérable qui a porté le déshonneur dans ma maison!.. Et je suis un tyran!.. et madame se plaint de mes soupçons!... Enfin les voilà justifiés... Je puis me venger... ah! ma vengeance sera terrible comme l'offense... Tu violes mon domicile... tu joins la lâcheté à l'outrage... tu t'introduis furtivement, nuitamment chez moi... comme un voleur... comme un assassin... Eh bien! je te traiterai comme un assassin, comme un voleur!.. un duel avec le séducteur de ma femme... fi donc!... il me tuerait, et il épouserait ma veuve!.. Le monde a de la pitié pour celui qui trompe... et jamais pour celui qui est trompé.

SCENE XV.

LE BARON, JACQUES.

JACQUES. Vous me demandez... mon général?

LE BARON. Jacques, je ne suis pas content... de toi... tu te négliges...

JACQUES. Moi... je me néglige... ah! bien! par exemple, je ne m'attendais guère à ce compliment-là de votre part...

LE BARON. Tu n'as plus le même zèle qu'autrefois.

JACQUES. Toujours...

LE BARON. Je sais bien que nous sommes en hiver, que les nuits sont longues et froides.

JACQUES. Pour ceux qui ne dorment pas.

LE BARON. Mais tu dors, toi...

JACQUES. C'est juste.

LE BARON. Comment! c'est juste?

JACQUES. Ma pauvre Catherine était malade... il a fallu la soigner.... Je n'ai qu'une femme... et si je la perdais.... je ne vaudrais plus grand'chose.... Savez-vous qu'on a trente ans de ménage chez nous?... Ah! dam.... nous nous sommes mariés jeunes... ça fait qu'on vieillit de compagnie.

LE BARON, *impatienté*. Ta négligence, si elle continuait, pourrait avoir des suites graves.

JACQUES. Qu'est-ce que vous craignez?

LE BARON. Tout.

JACQUES. Mais vous êtes isolé.

LE BARON. On a fait, ces jours-ci, dans quelques établissemens semblables au mien... des tentatives sérieuses de vol.... d'escalades...

JACQUES. Bah!...

LE BARON. On a essayé de s'introduire la nuit dans les magasins.

JACQUES. Voyez-vous... ça!

LE BARON. Il est question d'une bande de malfaiteurs qui exploitent le département et qui rôdent dans les environs de Saint-Quentin...

JACQUES. En avant la canardière...

LE BARON. Jacques, tu sens de quelle importance il est pour moi que tu redoubles de surveillance.

JACQUES. Dormez en repos.

LE BARON. Cet établissement compose la majeure partie de ma fortune.. si je le perdais, tu serais sans place.

JACQUES. Je n'ai pas besoin que vous m'en disiez davantage, les nuits sont noires... nous n'avons pas de lune... mais on n'aura pas l'arme au bras... et le premier malin qui montrera le bout de son nez...

LE BARON. Sois prudent...

JACQUES. Laissez donc... un méchant de moins, c'est autant de gagné pour les bons. (*Dubreuil entre.*) Bonsoir M. Dubreuil.

Il sort.

SCENE XVI.

DUBREUIL, LE BARON.

LE BARON, *à Dubreuil, qui entre*. Eh bien! Dubreuil, si je te disais maintenant... je sais ce nom que j'ai tant maudit sans le connaître!...

DUBREUIL. Chimères!

LE BARON. Je suis trompé, déshonoré,

par la plus fausse, la plus perfide de toutes les femmes!

DUBREUIL. Propos de jaloux.

LE BARON. J'en suis sûr.

DUBREUIL. A cela je te répondrai : Je le verrais que je ne le croirais pas....

LE BARON. Mais, entêté, j'ai des preuves.

DUBREUIL. Ils sont tous comme cela!... ils ont tous des preuves... du moment qu'un mari s'est mis dans la tête de soupçonner sa femme... elle ne dit pas un mot, ne fait pas un geste qui ne dépose contre elle... et ne devienne à l'instant même une preuve,.. que son mari n'a pas le sens commun.

LE BARON. Si je te disais... mais non...

DUBREUIL. Où vas-tu?

LE BARON. Prendre d'utiles précautions, causer avec le maire de notre canton...

DUBREUIL. Mettre l'autorité de moitié dans un secret de famille... compromettre ta femme, livrer les débats de ton intérieur à la malignité, car un maire n'est pas plus discret qu'un autre homme, et quand il trouve l'occasion de rire aux dépens d'un administré... il la saisit avec d'autant plus de plaisir que, les administrés ne laissent jamais échapper l'occasion de prendre leur revanche. Crois-moi, laisse là ton orgueil de mari trompé. S'il est vrai que tu sois en droit d'adresser de justes reproches à ta femme... ce que je ne crois pas, prends un parti sage et prudent... pardonne si tu l'aimes... si tu ne l'aimes pas.... séparez-vous sans éclat... sans scandale...

LE BARON. Oui, la séparation, mais après la vengeance.

DUBREUIL. Ronçay...

LE BARON. Et je cours assurer la mienne.

Il sort.

SCENE XVII.

DUBREUIL, *seul.*

Pauvre tête sans cervelle!.. Il n'est occupé qu'à faire son malheur.... et celui d'une femme qu'avec un peu de raison et d'indulgence il aurait rendue si heureuse!..

SCENE XVIII.

DUBREUIL, EULALIE, GRANGER, Mme GRANGER, Mme LAROCHE, CÉLESTINE, DOMESTIQUES *avec des flambeaux.*

EULALIE. Maman, votre chambre et celle de papa sont au premier bout du corridor... Madeleine vous y conduira....

GRANGER. Où est donc mon gendre?

EULALIE. Probablement à faire sa ronde dans les ateliers.

Mme GRANGER. J'espère que demain nous les visiterons... ses ateliers... et que le baron sera assez galant pour nous offrir des échantillons de sa fabrique... il en sort, dit-on, de fort belles étoffes...

GRANGER. Ma foi, je ne conçois pas, quand on est baron, qu'on reste manufacturier...

DUBREUIL. Depuis 1830, tout le monde peut se faire baron... Il ne faut que de l'audace... mais tout le monde ne peut pas se faire manufacturier, il faut des espèces.

Mme LAROCHE. Moi, je ne connais rien d'honorable comme une profession qui mène à la fortune...

EULALIE. Ma tante... votre chambre est au numéro dix... et celle de Célestine est entre la vôtre et la mienne... la domestique a monté tous vos effets...

Onze heures sonnent.

GRANGER. Onze heures qui sonnent... il faut me mettre à l'heure du pays... Je ne serai pas long-temps à fermer l'œil...

Mme GRANGER. Vous avez toujours aimé à dormir.

DUBREUIL. Et moi?... vous me logez...

EULALIE. Tout-à-l'heure... un moment.

GRANGER. Tu diras bien des choses à mon gendre de notre part.

EULALIE. Oui, papa.

Granger l'embrasse.

Mme GRANGER, *l'embrassant.* Tu ne te couches pas encore. Tu attends M. de Ronçay? Tu as raison.... plus un mari est vieux, plus il faut avoir soin de lui.

Mme LAROCHE. A demain, ma nièce.

EULALIE. Bonne nuit, ma tante.

CÉLESTINE. Je ne te dis pas bonsoir, moi, nous nous reverrons encore.

EULALIE. Oui, j'irai frapper chez toi avant d'entrer dans ma chambre.

On sort, pécédé de domestiques avec flambeaux.

SCENE XIX.

EULALIE, DUBREUIL.

EULALIE. Et ne vous avoir pas revu depuis le jour fatal où je fus forcée de vous remettre cette clef!... Ah! je n'étais pas coupable, vous l'avez su.

DUBREUIL. Oui, Charles m'a tout dit... et je l'ai cru.

EULALIE. Ah! vous me croirez aussi, quand je vous dirai que si j'ai à me reprocher des pensées que je n'ai pas la force de combattre... un sentiment involontaire que la sollicitude augmente, que l'absence grandit, auquel la comparaison vient donner un nouvel aliment... Je n'ai à me reprocher aucune action coupable, aucune. Ce n'est pas à vous que, je voudrais taire ou déguiser la vérité... Dubreuil, j'ai besoin de votre estime.

DUBREUIL. Mais vous l'avez, chère enfant.

EULALIE. Donnez-m'en une preuve; soyez mon guide, mon appui... arrachez-moi à moi-même.

DUBREUIL. Que dites-vous ?

EULALIE. Cette femme qui tout-à-l'heure encore vous parlait de son innocence... qui est fière d'avoir résisté, même aux plus doux penchans de son cœur, cette femme est sur le bord de l'abîme... Empêchez-la d'y tomber.

DUBREUIL. Grand Dieu !

EULALIE. J'ai revu Charles.

DUBREUIL. Quand?

EULALIE. Aujourd'hui.

DUBREUIL. Où?

EULALIE. Ici.

DUBREUIL. Et votre mari?

EULALIE. Charles est, à ce qu'il paraît, chargé d'une affaire pour M. de Ronçay. Pendant un instant nous sommes restés seuls.

DUBREUIL. En êtes-vous bien sûre? N'avez-vous point été vus, entendus?

EULALIE. Charles m'a parlé d'un secret qu'il ne veut révéler qu'à moi... d'où dépendent, dit-il, mon bonheur, ma liberté, ma vie, peut-être.

DUBREUIL. Eh bien!

EULALIE. Il me demandait de me rendre au jardin... il m'y attend sans doute.

DUBREUIL. Et vous avez promis?

EULALIE. Moi!. non... non... l'honneur m'est plus cher que ma vie, je n'ai point promis... je n'irai pas.

DUBREUIL. Bien.

EULALIE. Mais, s'il était vrai que ce secret touchât à mon existence...

DUBREUIL. Eh bien?

EULALIE. Ah! Dubreuil, je suis si jeune, mon ami.. Il vous le dirait peut-être à vous.

DUBREUIL. A moi!

EULALIE. Oui; il connaît votre amitié, votre attachement pour la famille de la pauvre Eulalie.

DUBREUIL. J'irai.

EULALIE. Bientôt?

DUBREUIL. Je pars à l'instant même.

EULALIE. Ah! que vous êtes bon! (*Un coup de feu.*) Malheureuse! ils l'ont tué!...

ACTE CINQUIÈME.

Le théâtre représente le même salon qu'au quatrième acte, seulement on a ôté la table.

SCENE PREMIERE.

ETIENNE, Mme LAROCHE, CÉLESTINE.

Au lever du rideau, les deux femmes sont assises devant la cheminée, accablées de douleur. Étienne est debout et fort triste.

Mme LAROCHE. Conçoit-on rien à un pareil événement ?

CÉLESTINE. Ah! mon Dieu!.. mon Dieu! quel malheureux accident!

Mme LAROCHE. C'est infâme!.. c'est épouvantable! être assassiné dans ses domaines!

CÉLESTINE. Ce pauvre général!

ÉTIENNE. Un homme qui, avec nous, a toujours l'argent à la main!

Mme LAROCHE. Et comment va-t-il ce matin ?

CÉLESTINE. Comment a-t-il passé la nuit?.. qu'a dit le médecin?

ÉTIENNE. Le médecin dit que pour sa position le général va assez bien.... mais qu'un pouce plus bas il était tué raide!..

Mme LAROCHE *et* CÉLESTINE. Tué!

Mme LAROCHE. Et dire qu'on n'a pas pu savoir quel est le misérable qui a blessé ce pauvre général?

ÉTIENNE, *entre ses dents*. Patience... patience... avec le temps tout se découvrira.

CÉLESTINE, *vivement*. Est-ce qu'on a déjà des soupçons sur quelqu'un?

Mme LAROCHE. Est-ce que vous savez quelque chose?

ÉTIENNE, *à demi-voix*. Peut-être!

Mme LAROCHE. Mon garçon, il faut parler, c'est votre devoir.

ÉTIENNE. On parlera quand il sera temps.

Mme LAROCHE. Il ne faut souvent qu'un mot, qu'un rien, pour mettre sur la voie et faire découvrir la vérité... Ah! si je savais quelque chose, on n'aurait pas besoin de me le demander.

CÉLESTINE. Oui; mais avant de parler, réfléchissez bien; quelquefois aussi il suffit d'un mot pour compromettre une personne innocente... pour jeter toute une famille dans le désespoir et se préparer des remords éternels.

Mme LAROCHE. Le général a peut-être des ennemis?.. les gens riches n'en manquent pas.

ÉTIENNE. Tout le monde en a... quelquefois bien près de soi.

CÉLESTINE. Près de soi!

ÉTIENNE. Oui... oui... je m'entends.

Mme LAROCHE. Si j'ai un conseil à vous donner... point de ménagemens... la justice est censée pour tout le monde.... et surtout pour les scélérats... parlez... dites ce que vous savez... Celui qui attente à la vie de son prochain ne mérite pas de pardon ; c'est mon opinion et celle de beaucoup d'honnêtes gens.

SCENE II.

Les Mêmes, DUBREUIL.

DUBREUIL, *à Étienne.* Étienne, le général vous demande.

ÉTIENNE. Je me rends près de lui.

Il sort

CÉLESTINE. Mais enfin, mon cher monsieur Dubreuil, comment ce malheur-là est-il donc arrivé?

Mme LAROCHE. Oui, comment cela est-il venu?

DUBREUIL. Le général revenait d'une visite dont j'avais cherché à le détourner, et certes, quoique je fusse loin de prévoir ce qui est arrivé, il aurait bien fait de suivre mes conseils... je ne lui en ai jamais donné que de bons... la nuit était noire en diable... avant de rentrer, il avait déjà fait deux ou trois fois le tour du mur de son jardin, et il allait ouvrir la petite porte qui donne sur le chemin vicinal de la commune quand il a été atteint d'un coup de feu... La balle a fort heureusement traversé les chairs du bras gauche ; mais il paraît qu'elle a occasioné une grande perte de sang, car le général était évanoui lorsqu'on l'a trouvé et ramené chez lui.

Mme LAROCHE, *à part.* Si ç'avait été un pauvre diable, on ne s'en serait pas inquiété, et il aurait passé toute la nuit à la belle étoile.

CÉLESTINE. Une blessure... à l'âge du général.. cela peut devenir très-inquiétant.

Mme LAROCHE. Quelque méchant ouvrier qu'il aura chassé.

DUBREUIL. Il n'a renvoyé qu'un domestique... et il y a de cela déjà quelque temps... dailleurs ce n'était pas pour inconduite, et l'homme n'est point malheureux.

CÉLESTINE. Cette pauvre Eulalie!.. que je la plains!.. elle a veillé toute la nuit dans la chambre à côté de celle de son mari... Elle pleurait... elle se lamentait... elle était dans un état déplorable! elle s'est trouvée mal trois fois ce matin, seulement, épuisée de fatigue... elle s'est assoupie.

Mme LAROCHE. Ah! je donnerais... je ne sais quoi pour qu'on parvînt à découvrir l'assassin.

SCENE III.

Mme LAROCHE, DUBREUIL, CÉLESTINE, GRANGER.

GRANGER. On est sur ses traces.

Mme LAROCHE. Ah!

CÉLESTINE. On a des indices nouveaux?

GRANGER. Mieux que cela.

Mme LAROCHE. Des preuves?

GRANGER. Pas tout-à-fait... mais de graves présomptions... tout cela est encore un mystère... et il paraît que mon gendre tient beaucoup à ce que rien ne s'ébruite encore... Un étranger dont personne ne sait le nom, s'est introduit hier soir dans le jardin.

DUBREUIL, *à part.* Ciel!

GRANGER. Il a escaladé le mur.

Mme LAROCHE. La route que prennent les criminels.

GRANGER. A peine il a eu commis son attentat, qu'il a cherché à se sauver.

Mme LAROCHE. Comme de raison.

GRANGER. Mais, en s'enfuyant... il a laissé tomber des lettres, des papiers, que la petite fille du concierge a ramassés, et que l'enfant vient d'apporter à mon gendre.

DUBREUIL, *à part.* Ah! le malheureux!

Mme LAROCHE. Et qu'on vienne dire qu'il n'y a pas une justice divine!... une Providence qui veille sur tout ce qui se passe ici-bas!..

DUBREUIL, *à part.* Pauvre femme... si elle savait qui l'on soupçonne!

GRANGER. La joie que le général a ressentie de cette découverte lui a fait, pour un instant du moins, oublier les douleurs de sa blessure... et, dans ce moment, à ce que m'a dit un de ses gens, il est occupé à dicter une plainte au procureur du roi.

SCENE IV.

Mme LAROCHE, Mme GRANGER, DUBREUIL, CÉLESTINE, GRANGER.

Mme GRANGER, *furieuse.* En voici bien d'une autre!

TOUS. Qu'est-ce donc?

Mme GRANGER. Le général qui ne veut pas voir sa femme!

CÉLESTINE. Quoi, ma tante!

Mme GRANGER. Eulalie s'est présentée trois fois à la porte de la chambre de son mari... trois fois l'entrée lui en a été refusée.

CÉLESTINE, *inquiète.* Et sous quel prétexte?

Mme GRANGER Aucun... j'étais outrée!.. et si ma fille ne m'en eût pas empêchée... je me serais moquée de la consigne, et j'aurais été moi-même faire une scène au général... refuser de voir ma fille!

CÉLESTINE. Ne vous affligez pas, ma tante, c'est peut-être un excès de zèle de la part des gens du baron, qui auront voulu épargner la sensibilité de ma cousine.

Mme LAROCHE. Un caprice de malade...

DUBREUIL. Vu la position du général, il faut être indulgent, et lui passer quelque chose... la grande quantité de sang qu'il a perdue l'a beaucoup affaibli... sa tête a pu éprouver quelque dérangement.

Mme GRANGER. Enfin ma fille a voulu tenter seule un dernier effort!.. mais, si le résultat n'est pas tel que je le désire.... si mon Eulalie subissait un nouvel affront, je ne garde plus de mesure... j'éclate!

DUBREUIL. Non, point d'éclat... point de bruit... tâchons, au contraire, d'empêcher que les événemens de cette nuit soient exploités par une curiosité maligne... dont les suppositions malveillantes auraient le plus funeste danger... J'ai, sur le crime qui a été commis, des idées différentes de celles du général, et je ne crois pas, malgré tout ce qu'on lui a fait dire, qu'il soit sur la trace du vrai coupable!.. Gardons encore un silence prudent... évitons surtout la présence de ces gens qui, dans l'exaltation de leur zèle, emprisonneraient vingt innocens dans la crainte de laisser échapper un coupable.

Mme LAROCHE. Mais, puisque mon beau-frère vous dit qu'on a trouvé des lettres.... des papiers!..

DUBREUIL. Et savez-vous ce que contiennent ces lettres, ces papiers?.. savez-vous s'ils appartiennent à celui qui les a perdus?.. si celui-ci ne les a pas égarés dans le dessein de faire planer les soupçons sur un autre que lui?.. Ah! quand il s'agit de faire peser sur un homme une accusation capitale...... quand il suffit quelquefois d'un mot pour le faire condamner et l'envoyer à l'échafaud... on ne saurait agir avec trop de réserve, de prudence!.. Hélas! quand un crime vient d'être commis, dans notre impatience à le venger, nous ne sommes que trop enclins à voir des coupables partout!..

Mme LAROCHE. L'espèce humaine n'est pas indulgente...

SCENE V.

Les Mêmes, ETIENNE.

ÉTIENNE. Monsieur Dubreuil... le général désirerait vous parler...

DUBREUIL. Cela suffit; je vais y aller.

Mme GRANGER. Et ma fille?

ÉTIENNE. Elle est avec lui.

Mme GRANGER. Ah!..

CÉLESTINE. Je vous le disais bien, ma tante!

ÉTIENNE. Après l'accident qui lui est arrivé, mon maître, décidé à ne recevoir personne, craint que le séjour de cette maison n'offre rien d'agréable à ces dames.

Mme LAROCHE. Il est poli, mon neveu... une invitation de nous en aller.

ÉTIENNE. Je ne fais que vous répéter ses paroles.

Il sort.

DUBREUIL, *à part*. Il veut éloigner les parens de sa femme.

Mme LAROCHE. Ce n'est pas tout que d'être blessé... il faut encore être honnête.

DUBREUIL. Allons... allons... vous ne pouvez pas lui en vouloir d'une pareille attention... il craint que la maison ne vous paraisse triste, maussade. C'est à vous de rester... si l'ennui ne vous fait pas peur.

SCENE VI.

Les Mêmes, EULALIE.

EULALIE, *se jetant dans les bras de sa mère*. Ah! maman... maman... protégez-moi... secourez-moi...

TOUS. Qu'est-ce?

Mme GRANGER. Qu'as-tu?

EULALIE. Ah! c'est affreux!.. c'est épouvantable!..

CÉLESTINE. Parle... parle...

EULALIE. C'est moi... moi qu'il accuse!

CÉLESTINE. Toi!

GRANGER, Mmes GRANGER, LAROCHE. Toi, quelle horreur!

EULALIE. Devant ses gens, il m'a appelée son bourreau, son assassin... il a osé me demander le nom de mon complice... Interdite, effrayée... j'ai cru un moment qu'il n'avait plus sa tête à lui; mais il m'a répété cette question avec un sang-froid si cruel... que, saisie d'épouvante et d'indignation, je me suis enfuie pour me jeter dans vos bras et vous demander secours et protection.

Mme LAROCHE. Cet homme est décidément un fou... un fou dangereux; je ne resterai pas deux heures de plus dans sa bicoque de manufacture.

CÉLESTINE. Maman... maman... n'abandonnons pas cette pauvre Eulalie! je vous en prie...

GRANGER. Je veux le voir... lui parler... il ne faut pas qu'il s'imagine, parce qu'il a été général...

DUBREUIL. Granger, suivez-moi... nous allons le voir, lui parler tous les deux... c'est dans les cas difficiles que l'amitié se montre fidèle et dévouée; la mienne ne vous manquera jamais.

Ils sortent tous deux.

SCENE VII.

Mme GRANGER, EULALIE, CÉLESTINE, Mme LAROCHE.

EULALIE. Ah! ma mère, vous avez fait le malheur de ma vie...

Mme LAROCHE. Ton malheur!

Mme GRANGER. Calme-toi, mon enfant...

CÉLESTINE. Oui...

EULALIE. Me calmer!... quand il m'accuse d'avoir attenté à ses jours!.. Ah! le misérable!.. il me juge d'après lui, d'après son cœur...

Mme GRANGER. Que dis-tu?

EULALIE. Ah! tu le sais, toi, ma chère Célestine, toi à qui j'ai confié mes peines... mes chagrins; depuis trois ans je suis la plus malheureuse des femmes...

Mme LAROCHE. Mais c'est impossible!

CÉLESTINE, *à part*. Oh! non, ce n'est pas impossible.

EULALIE. Au sein de cette opulence que tant de regards m'ont enviée... j'ai versé plus de larmes... enduré plus de tourmens!.. j'ai été méconnue... humiliée.... méprisée... ah! ma mère.... voilà le bonheur que vous m'avez fait!

Mme GRANGER. Mon enfant... la douleur t'égare... tu es injuste.

EULALIE. Ah! pourquoi n'avez-vous pas pensé que cette jeune fille si timide et si franche avait besoin de trouver un cœur qui répondît au sien?.. pourquoi l'avez-vous pressée, quand elle s'ignorait encore, de former des nœuds que rien ne pouvait plus rompre?.. pourquoi l'avez-vous déshéritée à plaisir de ces sentimens d'amour et de tendresse qui ont fait le bonheur de votre vie?.. car enfin mon père, vous l'avez aimé... vous étiez du même âge quand vous l'avez épousé... et vous saviez bien que notre cœur ne perd jamais ses droits.

Mme GRANGER, *émue*. Eulalie! Eulalie!

CÉLESTINE. Ma cousine...

EULALIE. En m'unissant à un homme que je ne pouvais aimer, ma mère... vous m'avez exposée au malheur d'en aimer un autre...

Mme GRANGER. Malheureux enfant!... qu'oses-tu dire!..

Mme LAROCHE. En aimer un autre!

EULALIE. Ah! votre fille n'a jamais trahi ses devoirs! Si elle était coupable, viendrait-elle se réfugier sur le sein de sa mère? (*Elles s'embrassent.*) Mais le malheureux qui depuis trois ans l'opprime et l'insulte... n'en poursuivra pas moins sa vengeance... par lui je serai accusée... traînée devant les tribunaux... à sa honte, j'en sortirai innocente et libre... mais le soupçon n'en aura pas moins empoisonné, flétri mon existence.

CÉLESTINE, *à sa mère*. M'en voudrez-vous encore de me croire heureuse?

Mme LAROCHE. Ah!.. qui aurait dit ça?

Mme GRANGER. Mais tu t'alarmes à tort... mon enfant, les choses ne peuvent pas être poussées aussi loin que tu le crains...

SCENE VIII.

EULALIE, Mme GRANGER, DUBREUIL, GRANGER.

Mme GRANGER. Eh bien! Dubreuil!

DUBREUIL. Il ne veut rien entendre.

Mme GRANGER, *et les autres*. Rien?

EULALIE. Ah! moi qui le connais, je n'ai pas un seul instant douté de l'inutilité de vos démarches.

DUBREUIL. J'ai eu beau lui représenter combien ses accusations à votre égard seraient fausses, ridicules, dénuées de toute espèce de vraisemblance, un rire amer était la seule réponse que j'en obtenais... Mais ce qui le maintient dans le projet qu'il a formé, ce sont ces malheureuses lettres trouvées dans le jardin... près du mur ébréché... la lecture de ces lettres l'a rendu furieux, implacable.... Il paraît qu'un des domestiques du baron entretenait une correspondance active avec votre cousin...

Mme GRANGER. Ton cousin?

Mme LAROCHE. Mon fils!

EULALIE. Jusqu'à ce moment, j'ignorais cette correspondance. Je n'attribuais le renvoi de Julien qu'à l'intérêt que ce domestique me témoignait et au refus qu'il avait fait d'épier mes actions et de rapporter mes paroles.

Mme GRANGER. Comment! c'en est à ce point là!

EULALIE. Ah! vous ne pouvez pas vous faire une idée de tout ce que j'ai eu à souffrir de l'injustice et de la jalousie effrénée de cet homme... mais son abominable méchanceté sera du moins trompée dans son attente : au lieu de deux victimes, il n'en aura qu'une, celle qui depuis long-temps est habituée à gémir... mais Charles échappera à sa vengeance... Charles a quitté le pays...

SCENE IX.

LES MÊMES, CHARLES.

CHARLES. Non, madame.

EULALIE. Charles!

DUBREUIL. L'imprudent!

GRANGER. Mon neveu!...

Mme LAROCHE, *avec sévérité*. Mon fils, votre présence ici!..

CHARLES. Ma mère, j'accomplis le devoir d'un honnête homme.

Mme LAROCHE. Mais, malheureux!

CHARLES. Je viens à l'instant d'être informé que des bruits mensongers circulent... qu'ils attaquent l'honneur de ma cousine... je me suis hâté d'accourir pour en prouver la fausseté.

CÉLESTINE. Eh! mon ami, ta présence ne fera que les confirmer, ces bruits!...

CHARLES. Ma sœur, le coupable s'enfuit... l'innocent reste.

DUBREUIL. Quand on vient de soi-même s'offrir au coup qui vous menace, c'est que la conscience ne vous reproche rien.

CHARLES. Rien, ma mère, rien.

Mme LAROCHE. Dieu le veuille!

CHARLES. Je suis prêt à lui rendre compte de toutes les actions de ma vie... jamais la pensée d'un crime n'est entrée dans le cœur de votre fils...

DUBREUIL. Charles, il y a dans votre démarche une loyauté que j'approuve et une imprudence que je blâme.

CHARLES. La prudence est souvent lâcheté.

DUBREUIL. Innocent ou non, du moment que vous serez accusé par le général... on vous arrêtera... Avant qu'on ait commencé l'instruction de votre affaire... il s'écoulera six mois peut-être, six mois de prison... pour un coupable, ce n'est rien... mais pour un innocent!...

Mme LAROCHE. Six mois de prison!

DUBREUIL. Au bout desquels on pourra vous dire : Monsieur, nous sommes bien fâchés, vous êtes malade, vous êtes ruiné, mais vous êtes innocent. Serez-vous aussi utile à votre cousine emprisonné que libre? non... je dis plus : votre présence en ces lieux lui sera funeste. Le général, qui hésitera peut-être à accuser sa femme quand elle sera seule... n'hésitera plus quand il pourra vous atteindre... et, sans le vouloir, vous aurez contribué à perdre celle que vous voulez sauver...

CÉLESTINE. Oui, mon frère... oui... M. Dubreuil a raison.

EULALIE. Cédez, Charles... cédez... eh! ne sera-t-il pas toujours temps de vous exposer?..

CHARLES. Fuir, c'est m'avouer coupable.

DUBREUIL. Moi, l'ami du général... je vous offre à Paris ma maison pour retraite... c'est presque un verdict d'acquittement.

TOUS, *se pressant autour de lui.* Mon ami, mon fils, mon neveu, mon frère... cédez.

CHARLES, *faisant un mouvement.* Vous le voulez... vous l'exigez?..

SCENE X.

LES MÊMES, LE BARON, *le bras en écharpe*, ETIENNE, LAQUAIS.

LE BARON, *se plaçant à la porte.* Vous ne sortirez pas!

TOUS. Ciel!

LE BARON, *à Charles.* Misérable assassin... tu crois par la fuite te dérober à ma vengeance... elle t'atteindrait partout.

CHARLES. Monsieur, si le malheur a des droits... il ne donne à personne le privilége de la calomnie.

LE BARON. Te calomnier!... moi!

Mme LAROCHE, *passant devant Charles.* C'est mon fils, entendez-vous?.. je réponds de lui.

CÉLESTINE, *l'entourant de ses bras.* C'est mon frère, monsieur, il est innocent.

LE BARON, *avec dédain à sa femme.* Et vous aussi, n'est-ce pas, madame?

EULALIE, *avec force.* Je le jure devant Dieu.

LE BARON. C'est devant vos juges qu'il faudra le prouver

TOUS. Des juges!

LE BARON. C'est devant eux qu'il faudra démentir le témoignage accablant de cet homme. (*Il montre le laquais. Mouvement.*) Ah! il faut qu'un de nous deux meure pour que l'autre soit heureux! vous l'avez dit. (*Mouvement.*) Le matin vous demandiez ma mort... le soir vous me faisiez assassiner.

EULALIE, *avec force.* Non, non, vous ne le croyez pas.

DUBREUIL, *avec beaucoup d'énergie.* Elle a raison, tu ne le crois pas... rien, dans la conduite de ta femme, n'autorise une pareille accusation.

LE GÉNÉRAL, *à Dubreuil.* Fais-toi l'avocat du meurtre, de l'adultère.

CHARLES, *avec noblesse.* Eh bien! oui, je ne crains pas de l'avouer publiquement, je suis coupable, et sur moi seul doit retomber toute votre colère, toute votre vengeance...

Mme LAROCHE. Mon fils!

CHARLES. J'aime ma cousine...... j'ai cherché à m'en faire aimer... pour y parvenir, j'ai employé tous les moyens que la passion a pu me suggérer... et tous mes soins n'ont abouti qu'à faire éclater la pureté de son ame et la noblesse de ses sentimens... Malgré mes prières, les preuves multipliées de l'amour le plus pur... le plus sincère... Eulalie est restée fidèle à l'homme qui menace aujourd'hui la vie de cet ange!... je l'atteste sur l'honneur... sur ma vie... sur celle de ma mère!..

Mme LAROCHE, *avec douleur*. Ah! Charles!

LE GÉNÉRAL. Et pourquoi vous-êtes vous chargé d'une mission qui ne vous était pas confiée?

CHARLES. Moi!

LE GÉNÉRAL. Dans quel but aviez-vous corrompu un de mes domestiques qui vous rendait un compte fidèle... de mes actions?

CHARLES. Monsieur!... monsieur... celui qui a dit...

LE GÉNÉRAL. Vos lettres... vos papiers sont maintenant sous les yeux de la justice.

Grand mouvement.

Mme LAROCHE. Vous avez dénoncé mon fils!

CHARLES. Ma mère!

Mme LAROCHE. Laisse-moi!

Mme GRANGER. Vous avez déshonoré ma fille!

LE GÉNÉRAL. J'ai fait ce que j'ai dû.

EULALIE. Ma mère... Charles vous l'a dit, nous sommes innocens.

Mme LAROCHE. Savez-vous, monsieur, que vous attaquez une famille qui a toujours marché tête levée?

DUBREUIL. Ah! tu vaux moins que je ne pensais... car, en rapportant ici tes menaces extravagantes, moi-même je n'y croyais pas!.. et tu n'as pas reculé devant l'épouvantable idée d'une publicité qui va te vouer au mépris!... au ridicule! te séparer de la femme que tu as aimée!

LE GÉNÉRAL. Point de pitié pour les coupables.

SCENE XI.

LES MÊMES, JACQUES.

JACQUES, *en désordre, se jetant aux genoux du général*. Grâce!... grâce pour les coupables!... les coupables?... c'est moi. c'est vous!...

TOUS. Ciel!

LE GÉNÉRAL. Que dis-tu?

JACQUES. Ce sont vos ordres que j'ai exécutés.

LE GÉNÉRAL. Tais-toi...

Mouvement général.

JACQUES. Non, monsieur, non... je ne me tairai pas... vous avez voulu faire de moi un misérable, un assassin.... Vous m'avez dit que des malfaiteurs avaient projeté de s'introduire chez vous... Dans l'obscurité, ayant entendu du bruit... j'ai tiré au hasard, bien plus dans l'intention d'effrayer les coupables que de les atteindre... et, quand j'ai su que c'était vous... ô mon Dieu! mon Dieu!.. ah! j'ai perdu la tête... j'ai couru... sans savoir où... je me voyais abandonné par vous-même... menacé... poursuivi... j'avais la prison... l'échafaud devant mes yeux... Dans mon désespoir... j'ai voulu me détruire... Dieu ne l'a pas permis... la Providence me réservait la grâce d'expier mon crime. (*Le général est affaissé, Étienne lui donne un siége, le général s'assied. Étienne sort*). Au moment où j'allais me précipiter dans la rivière... un de vos domestiques est accouru au-devant de moi... il m'a appris que vos soupçons flétrissaient la plus digne, la plus respectable des femmes... il m'a montré la dénonciation qu'il allait porter lui-même au procureur du roi... ah! je n'ai pas été maître de moi!... à la vue de cette œuvre d'iniquité, de mensonge, j'ai terrassé, foulé aux pieds votre messager, je lui ai arraché ce tissu de calomnies. (*Il le jette aux pieds du général.*) Ah! du moins, si la justice vient ici, elle saura la vérité!

DUBREUIL. Brave homme!...

Mme LAROCHE. Dieu soit loué! vous n'avez que ce que vous méritez, Charles.

CHARLES. Ma mère!

Mme LAROCHE. D'après ce que vous venez d'avouer.... si vous approchez de Paris de dix lieues, je ne vous verrai de ma vie.

CHARLES. Je vous le jure.

Mme LAROCHE. Partons et laissons là cet homme...

Ils sortent tous trois.

EULALIE, *avec un cri déchirant*. Vous m'emmènerez, ma mère!... n'est-ce pas? je ne vous quitte plus...

Mme GRANGER, *la pressant sur son sein.* Oui, nous t'emmènerons..... tu ne nous quitteras jamais.

GRANGER. Jamais...

Mme GRANGER. Et si monsieur tentait de t'arracher des bras de ta mère, nous avons des lois qui ne lui permettront pas de ressaisir sa victime.

Ils sortent tous les trois.

JACQUES. Général, vous pouvez chercher un autre jardinier.

Il sort.

LE GÉNÉRAL. Et lui aussi!

DUBREUIL. Tout le monde te quitte, t'abandonne; je te reste seul pour te plaindre, pour te consoler. (*Dubreuil lui tend la main, le général se jette dans ses bras*). Crois-moi, l'amitié est le lot des vieillards... l'amour n'appartient qu'à la jeunesse.

FIN.

PARIS. — IMPRIMERIE DE Ve DONDEY-DUPRÉ, RUE SAINT-LOUIS, AU MARAIS.

www.ingramcontent.com/pod-product-compliance
Ingram Content Group UK Ltd.
Pitfield, Milton Keynes, MK11 3LW, UK
UKHW021521260726
13993UKWH00004B/1815

9 782329 480886